阿米巴组织划分

胡八一◎著

中国经济出版社
CHINA ECONOMIC PUBLISHING HOUSE

图书在版编目（CIP）数据

阿米巴组织划分／胡八一著．--2 版．--北京：中国经济出版社，2023.7

ISBN 978-7-5136-7349-5

Ⅰ．①阿…　Ⅱ．①胡…　Ⅲ．①企业经营管理　Ⅳ．①F272.3

中国国家版本馆 CIP 数据核字（2023）第 103410 号

责任编辑　贾轶杰
责任印制　马小宾
封面设计　久品轩

出版发行　中国经济出版社
印 刷 者　北京力信诚印刷有限公司
经 销 者　各地新华书店
开　　本　880mm×1230mm　1/32
印　　张　8.875
字　　数　170 千字
版　　次　2023 年 7 月第 2 版
印　　次　2023 年 7 月第 1 次
定　　价　58.00 元
广告经营许可证　京西工商广字第 8179 号

中国经济出版社　**网址** www.economyph.com　**社址** 北京市东城区安定门外大街 58 号　**邮编** 100011
本版图书如存在印装质量问题，请与本社销售中心联系调换（联系电话：010-57512564）

唯有落地，方能生根

——阿米巴经营模式在中国的落地生根

阿米巴经营模式是什么?

阿米巴乃是一种单体细胞微生物，它能通过自身不断分裂复制，而且为了适应外在条件发生变形。稻盛和夫据其两个特点，结合松下电器事业部制，创立阿米巴经营模式。

所谓阿米巴经营模式，简而言之，即把公司分成多个自主经营单元（即阿米巴），每个经营单元均需独立核算、承担盈亏；持抱利他共赢理念，鼓励员工增加收入、降低费用；最后利益共享，同创幸福企业。

三字以蔽之：分、算、奖！

阿米巴经营模式有何高效见证?

计划经济时代，领导高调引入苏联管理模式，然后计划不再、苏联不再，自然也就引而不入。

改革开放之后，市间自觉学习日本管理模式、美国管理模式，诸如全面质量管理、精准生产、整合营销传播、波特战略等，却也只是片段而非整体。

唯有阿米巴经营模式，上自经营哲学启志、中到组织设计技术、下抵日常表格操作，事及全员，而非某些职能部门，于是持续产生高效。

先是稻盛老人业绩可叹，如今国人耳熟能详：

◆自创京瓷，伊始维艰，人数区区不过半百、厂房区区不过三间，用巴之后，业绩持续翻番，荣登世界500强榜！

◆组建日本第二电信，整合多方人才资金，用巴之后，打破垄断、冲出重围，业务从零开始，再攀世界500强榜！

◆日本航空巨亏，濒临倒闭，鸠山首相三顾茅庐、稻盛老人八十高龄下山，用巴之后，一年扭亏为盈，反超同行！

再看中国企业，虽然名不称“巴”，却也异曲同工，收效极佳！

◆上海大众力推“经营体”；

◆海尔集团奉行“自主经营体”、SBU（战略事业单元）；

◆阿里巴巴内分级、多个“经济单元”。

阿米巴经营模式为何能够产生极高收益？

首先，阿米巴经营模式符合人性。

它从人性方面思考，形成经营哲学，正确引导经营方法，而非舍本求末，以为某种管理方法即是“绝招”。

以下三个问题的答案即从人性角度思考得出，而非管理学科。

◆为何只有老板关注经营利润，然而员工却只关注做事本身？

因为我的工作距离利润太远，没法关注！

◆为何部门之间总爱扯皮推诿，最终只有老板才能协调解决？

因为他们互是同事关系，而非买卖关系！

◆为何员工总是觉得工资不够满意，却把原因归为老板小气？

因为工资是由老板给的，不是他们买卖赚来的！

其次，阿米巴经营模式能够满足时代需要。

当下员工多数不为生存安全而去工作，他们需求人格尊重、精神自由，满足这种心理需求之举，莫过“我有地盘，我能做主”！好吧，给你一个阿米巴，你去做主！

“互联网+”已让千万“草根”创业成功；中央号令“大众创业、万众创新”、地方政府鼓励创业津贴层出不穷，哪个不曾蠢蠢欲动？老板若不内部满足员工创业冲动，员工必将外出创业。好吧，给你一个阿米巴，你去创业！

最后，阿米巴经营模式提供了技术保障。

好心未必办成好事，皆因方法不对；慈悲未必修得善果，全是智慧不足。一味符合人性、一味满足员工当然也就未必成功。

励志大师叫嚣成功，可是从来不曾给出成功的逻辑、成功的阶梯，以为充满激情，便可成功。结果泱泱弟子除了再去叫嚣励志，别无成功！

阿米巴经营模式则不然，包含如何分巴，如何内部定价，如何建立内部交易规则，如何核算收入、成本，如何分析本巴盈亏，如何改善不良，如何分享收益……唯一所剩，就是你的行动！

阿米巴经营模式是否适合中国企业？

古今中外之人，虽有认知差异，从而形成文化差异、观念差异，然而人心、人性无异！

管仲新政，故有齐桓九合诸侯，无非分、算、奖；

商鞅变法，故有大秦一统天下，无非分、算、奖；

明治维新，故有日本赶超亚欧，无非分、算、奖；

小平改革，故有中国平视世界，无非分、算、奖；

对应前边所述三个人性问题，解决方案无非分、算、奖！

故此，这个问题不是问题，下个问题才是问题！

阿米巴经营模式如何落地中国企业?

即使汽车进口到中国，有时也需部分改装，旨在适应中国驾驶环境，何况人文理念、经营模式?也该扬弃!原因有三:

其一，中国企业经营的外在空间广阔，开源与发展仍是中国企业之主流旋律，而日企则不然。因此，阿米巴落地中国，首在理清战略，继而开源节流。

其二，中国企业管理的内在基础较弱，建制与完善乃中国企业之必修内功，而日企则不然。因此，阿米巴落地中国，首在架构重组，继而分巴交易。

其三，中国社会环境的客观影响很大，物质与精神总在中国企业之中动态平衡，而日企则不然。因此，阿米巴落地中国，首在提升经营，继而转变人文。

稻盛老人来华数次，宣传理念;成立塾式机构若干，诵读精进。然而理念如不加以技术落地，则是空谈，空谈误国!

至于如何加以技术落地，正是本系列宗旨，共分三本。内容详见后文，在此概述如下:

第一本《阿米巴组织划分》，主要讲述阿米巴组织变革;

第二本《阿米巴经营会计》，主要讲述阿米巴经营核算;

第三本《阿米巴团队激励》，主要讲述阿米巴体系运营。

我们敬重稻盛老人，但非膜拜；我们学习阿米巴，但非照抄！

书中内容，乃是一家之言，供您参考、探讨。

愿您成功！

得以成书，非常感谢柏明顿的客户们！非常感谢我的顾问伙伴们，特别是柏明顿资深顾问魏海燕、陈扬名等人，为本书提供大量案例、图表、数据。

是为序。

柏明顿管理咨询首席顾问 胡八一

huby@ pmt. net. cn www. pmt. net. cn

2016 年 11 月 28 日 亚特兰大

前言

INTRODUCTION

阿米巴组织设计，必须以阿米巴经营理念为指导，抛开传统的行政组织架构，重构以自主经营为导向的新组织架构。每个阿米巴单元，为目标负责，为利润负责，这样就可以释放组织的活力。

传统的行政组织架构（主要是金字塔式、职能式、混合式），以命令或管理手段来层层传递高层的决策意图，靠“带”和“管”的方式运作企业。这种组织架构形态有一定的历史贡献，被沿用很久，但存在的弊端不容忽视。行政组织架构在产品、文化、营销相对成熟，以及市场环境相对稳定时，是能够有效执行和完成组织任务的，但在组织改革、升级、转型、扩张、裂变时，种种矛盾就会暴露出来。

在新形势下，传统行政组织需要更新升级，阿米巴是组织升级的方向。阿米巴组织经过“责任田”划分，巴长享有充分的权利，同时承担相应的责任。这样一来，巴长就摇身一变，从被动的受管理者，转变为主动的经营者。传统行政组织架构好比是火车，“火车跑得快，全凭车头带”，车头的动力决定火车的方向和速度。阿米巴组织架构好比是高铁，每一节车厢都有动力，带动整个车身向前高速行驶。车头最重要的作用，不再是动力，而是方向。

准确的阿米巴组织划分，促使企业从管理走向经营，人人成为经营者！

在本书中，我们将探讨阿米巴组织设计，这是阿米巴经营的起点。其背后有一套严谨、科学的技术原理和操作过程，我们将分六个章节进行实战操作。

本书属于企业阿米巴经营顶层设计范畴，是决策人应知应会的部分，需要决策人和操作人系统学习，熟练掌握。

学习要求：

【思考】要求对照公司现状，思考有何指导、启发意义。

【操作】要求进行实战演练，做出相应的阶段性方案。

【成果】要求在阶段性方案的基础上形成完整的个性化方案。

目录
CONTENTS

03 第三章 阿米巴组织划分方法

04 第四章 阿米巴组织的核算形态与运作

阿米巴组织划分
AMOEBA

第一章

阿米巴导入与战略规划落地

数字阿米巴首先分析外在的竞争环境，其次制定相应的企业战略，最后设计支撑战略的组织架构。

一些企业通过导入阿米巴经营模式，建立了探索和孵化创新的阿米巴单元，来感知新的产业趋势，或是通过覆盖广阔生态体系的阿米巴责任分工体系，全面伸出触角，探测各个领域的新机会，从而为企业寻找最合适的战略之路。企业也由此开始从结构跟随战略到结构引导战略的深刻变革。

企业导入阿米巴经营模式的流程如图 1－1 所示。

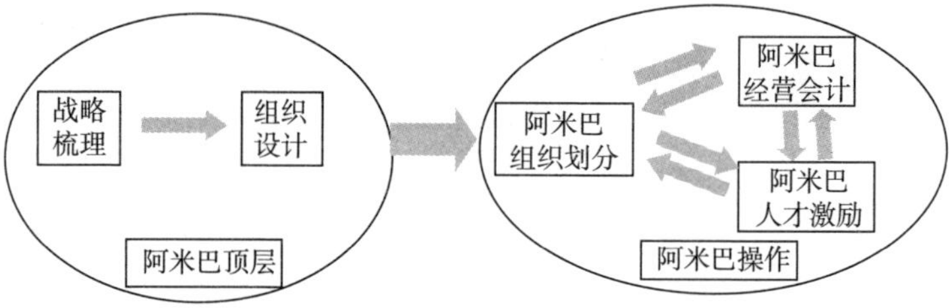

图 1－1　阿米巴导入

本章目标

1. 了解：阿米巴导入与战略规划落地。
2. 理解：战略与组织结构之间的关系；战略解构和推演。
3. 掌握：战略目标分解路径。
4. 操作：战略定位与发展规划。

形成成果

1. 公司战略梳理与组织变革分析。
2. 5 年战略目标——总体战略目标。
3. 发展战略目标规划。

扫码购买配套精品课程

第一节 阿米巴经营理念与实践

提示

本节内容学员了解即可，不需要理解和操作。加黑文字是重点，需要格外留意。

阿米巴经营模式充分彰显了企业管理的**两种力量**：无形力量（经营哲学）和有形力量（人人成为经营者），实现了员工群策群力，发挥每名员工和每个阿米巴组织的积极性与创造性，保证企业规模越来越大、经营载体越来越小。

一、什么是阿米巴经营

“阿米巴”（Amoeba）在拉丁语中是单个原生体的意思，属原生动物变形虫科，虫体赤裸而柔软，其身体可以向各个方向伸出伪足，使形体变化不定，故而得名“变形虫”（如图1－2所示）。**变形虫最大的特性是能够随外界环境的变化而变化，不断地进行自我调整来适应所面临的生存环境。**

企业组织也可以随着外部环境变化而不断“变形”，调整到最佳状态，即能成为适应市场变化的灵活组织。

图 1－2　变形虫

阿米巴经营的本质是指将组织分成小的集团，每个小型组织都作为一个独立的利润中心，通过与市场直接联系的独立核算制进行运营，培养具有管理意识的领导，让全体员工参与经营管理，从而实现“全员参与”。

比如制造部门的每道工序都可以成为一个阿米巴，销售部门也可以按照地区或者产品分割成若干个阿米巴。

阿米巴经营模式成功的关键在于，通过这种经营模式明确企业发展方向，并把它传递给每位员工。因此，必须让每位员工深刻理解阿米巴经营的具体模式，包括组织构造、运行方式及其背后的思维方式。

凭借阿米巴经营模式，稻盛和夫使日本京都陶瓷企业集团（以下简称京瓷）历经现代史上 4 次经济危机而屹立不倒。在 20 世纪 90 年代末期，亚洲金融危机过后，日本很多大公司都出现问题，原本名不见经传的京瓷公司成为东京证券交易所市值最高的公司。**专家学者们纷纷开始研究京瓷公司，后来发现京瓷的经营方式与“阿米巴虫”的群体行为方式非常类似，于是得名“阿米巴经营”。**

思考：阿米巴经营模式为什么能够创造高收益？

二、什么是中国式阿米巴经营

关于阿米巴经营模式，我们更多人了解到的是稻盛和夫拯救日航的故事，再反过头来了解他的京瓷和KDDI这两家企业。当然，日本有日本的文化背景，如果中国的企业完全照抄，未必能产生好的效果。这里，我们根据多年来直接给企业做管理咨询项目的经验，归纳出了一些可能更适合中国企业的阿米巴经营模式，姑且称它为“中国式阿米巴”。

中国式阿米巴经营，是指柏明顿公司在管理咨询实践的过程中，以稻盛式阿米巴为内核，结合中国文化、企业特点，将内核向外作恰当的扩展，以使阿米巴经营模式能在中国企业产生更大的效用。

思考：中国式阿米巴的主要特点是什么？

（一）中国式阿米巴的主要内容

稻盛式阿米巴主要包括经营哲学、组织划分、经营会计三个方面的内容。

中国式阿米巴主要包括战略与组织、目标与核算、人才与激励三个体系，每个体系下边又分为若干个模块，根据不同企业的特点进行个性化的组合。如图 1－3 所示。

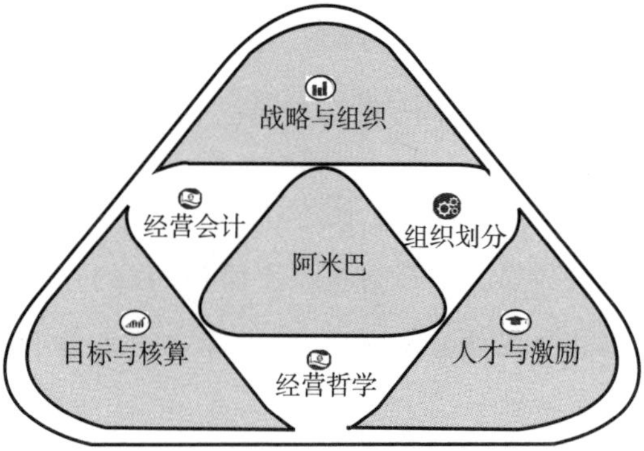

图 1－3　中国式阿米巴的内容

1. 战略与组织

中国式阿米巴首先分析外在的竞争环境，其次制定相应的企业战略、设计支撑战略的组织架构，最后将新的组织细分为阿米巴单元，而不是直接将现有的部门划分为阿米巴。

2. 目标与核算

中国式阿米巴首先明确各巴的经营目标，其次制定相关的财务预算、规范内部定价与交易规则，最后引入外部竞争以提升巴的活力，而不是简单地对各巴的数据进行独立核算。

3. 人才与激励

中国式阿米巴首先树立员工的共同愿景，其次出台系列考核机制、晋升机制、报酬机制等，最后通过制度来统一员工的价值观，而不是唯心主义地灌输一些空洞的理念。

（二）柏明顿阿米巴咨询产品简介

柏明顿阿米巴咨询产品简介见表1－1。

表1－1 柏明顿阿米巴咨询产品简介

	教练阿米巴	经典阿米巴	战略阿米巴	平台阿米巴
产品简述	顾问师通过对企业进行培训、辅导、提供咨询工具等方式，指导企业完成阿米巴组织划分、阿米巴经营会计、阿米巴人才激励三大核心模块	顾问组进驻企业，通过深度调研、拟订方案、主持研讨、培训操作、辅导实施等方式，主导完成阿米巴组织划分、阿米巴经营会计、阿米巴人才激励三大核心模块	顾问组进驻企业，通过深度调研、拟订方案、主持研讨、培训操作、辅导实施等方式，在完成企业战略规划、重新设计组织架构、优化核心流程等任务的基础上，导入阿米巴组织划分、阿米巴经营会计、阿米巴人才激励三大核心模块，以确保阿米巴经营模式能够为企业带来巨大的效益	顾问组进驻企业，通过深度调研、拟订方案、主持研讨、培训操作、辅导实施、协助整合企业内部外部资源等方式，把核心资源打造成企业平台，将现有的和未来的各项业务通过阿米巴经营模式有条件地结合员工内部创业，最终实现把企业做成平台、把平台做成阿米巴、把阿米巴做成合伙制的创新与稳固并存的经营模式

续表

	教练阿米巴	经典阿米巴	战略阿米巴	平台阿米巴
客户收益	1. 快速降低企业的各项成本、费用，提高企业的利润。 2. 大大加强员工的责任心、激发员工的积极性、主动性。 3. 通过内部交易进一步明确各部门之间、各岗位之间的职能、职责，极大限度减少相互推诿的现象。 4. 导入阿米巴的费用低、周期短，使企业快速获得综合竞争力。 5. 培养一批具有经营意识、经营能力的骨干人才	1. 快速降低企业的各项成本、费用，增加销量，提高企业的利润。 2. 大大加强员工的责任心、激发员工的积极性、主动性。 3. 通过内部交易进一步明确各部门之间、各岗位之间的职能、职责，极大限度减少相互推诿的现象。 4. 把老板从日常事务中解脱出来,使之进行战略思考、战略布局。 5. 培养一批能够像老板一样具有经营意识、经营能力的核心人才	1. 明确企业发展方向、竞争策略，把企业带入快速增长的蓝海领域，拓宽产品或服务的营销通道、营销方式，从而提高销售收入。 2. 根据战略重新设计组织架构、优化运作流程，使企业高效、稳健运作，解放生产力、解放老板。 3. 鼓励原来只对内部交易的部门有条件地对外营业，迅速裂变出多个赢利单位，提高企业利润。 4. 公司再次进入良性的快速发展阶段，员工的积极性、主动性空前高涨，回到老板创业初期状态。 5. 一批综合素质较高的优秀人才脱颖而出，并且还在不断裂变、培养新的人才	1. 总部平台掌握核心资源，并通过强化核心资源不断吸引新的人才、新的业务，组建成一艘商业航母。 2. 每个业务单元都采用阿米巴经营模式，共享资源，既能发挥大公司的资源优势，又能体现小公司的灵活性，提高对外竞争力。 3. 通过股权激励、众筹、内部创业等方式，让一大批优秀产业人才保持与公司的长期合作与发展。 4. 公司与老板从传统的经营产品升级为经营资本、经营品牌、经营人才，完成企业的华丽蜕变。 5. 极大程度提高了企业的抗风险能力，使之具备百年老店必要的各项基石
咨询模块	组织划分、经营会计、团队激励	组织划分、经营会计、团队激励	战略与组织、目标与核算、人才与激励	平台化、阿米巴、合伙制

续表

	教练阿米巴	经典阿米巴	战略阿米巴	平台阿米巴
适用对象	业务单一的小微企业	业务稳定的中型企业	业务升级的大、中型企业	业务多元化的集团型企业
成功案例	佛山孔雀鱼马赛克电商	沈阳桃李面包股份	福建恒安集团	四川希望集团

（三）中国式阿米巴与稻盛式阿米巴异同

中国式阿米巴与稻盛式阿米巴的异同之处，概括起来为两点一致、两点不同（见表1－2）。

表1－2 中国式阿米巴与稻盛式阿米巴的异同

异同点		简述
两点一致	目标一致	人人成为经营者
	技术一致	组织划分、内部定价、核算报表
两点不同	切入点不同	中国式阿米巴从提升经营状况切入；稻盛式阿米巴从转变人文精神切入
	侧重点不同	中国式阿米巴侧重于开源，同时关注节流；稻盛式阿米巴侧重于节流，较少涉及开源

（四）中国式阿米巴更适合中国的环境

中国企业之所以更需要中国式阿米巴，其原因概括为：

（1）中国企业经营的外在空间广阔，开源与发展仍是中国企业的主流旋律，而日企则不然。因此，中国式阿米巴侧重开源、关注节流。

（2）中国企业管理的内在基础较弱，建制与完善乃是中国企业的必修内功，而日企则不然。因此，中国式阿米巴铺垫更多、内涵更广。

（3）中国社会环境的客观影响很大，现实与信仰总是中国企业的动态平衡，而日企则不然。因此，中国式阿米巴提升经营、改善人文。

（五）中国式阿米巴为什么更能产生效果

阿米巴经营之所以能取得这么好的效果，是因为阿米巴经营具备了最符合人性的三个字——“分、算、奖”，也可以用这三个字来高度地概括阿米巴经营的内容。

“分”就是组织划分。通过划分阿米巴，让每个人都关心利润，全员经营，实现企业业绩倍增。

“算”就是财务会计核算。通过阿米巴经营会计报表、交易规则和定价等，让每个员工都学会看数据进行经营。

“奖”就是阿米巴经营实施以后回馈给阿米巴成员的一些奖励机制。机制不是鸡血，有人才有可能。企业需要用明天的利润激励今天的员工。通过把数据变为金额，把交付变成交易，人人都会爱上阿米巴。

正因如此，才产生了一个联动效应，让中国式阿米巴产生一个比较好的效果，以至于中外很多企业都在不断地学习，而且在采用这种经营模式。

我们打一个比方，我们乘坐的火车，往往是靠车头的动力来拉动它后面的若干节车厢。而我们乘坐的高铁、动车，每一节车厢都有自己的动力系统，因此能跑得更快，动力更足。传统的企业管理模式，往往是由董事长、总经理来发号施令，从而带动经理层、员工层，所以传统企业的管理者就像一个火车的车头。而阿米巴经营则不同，每一个阿米巴都强调独立核算、自主经营，所以每一个阿米巴就像一节动车车厢，它们有自己的动力，但又不是脱轨的，可以组合起来形成一列动车。这就是阿米巴经营能有这么大功效的原因。

案例1

2015 年，谷歌公司重组改名为 Alphabet，并将谷歌公司原有的 Google 搜索、YouTube 视频平台、研发部门 Calico 以及其他子公司打包进入 Alphabet。新公司采取控股公司结构，把过去的互联网业务划归子公司。这一举动让许多人费解，却很符合谷歌公司敢为人先的风格。这实际上是谷歌联合创始人佩奇和布林的放权脱身及激励内部创业措施。

在新 Alphabet 的大架构下，诸多子公司可以独立运营。这样一种经营模式与日本京瓷、KDDI 公司的阿米巴经营模式名异实同。阿米巴经营模式就是对公司进行组织划分，每一个组织独立核算、独立运营。一直走在时代前沿的谷歌与日本“经营之圣”稻盛和夫不谋而合，再一次证明“是时代选择了阿米巴。”

其实不仅在中国，就连美国也存在大公司病，谷歌也不例外。当公司业务越来越多元，决策流程就连带被拖长，无法做到小而专注，庞大的公司运转跟不上快速变化的科技圈。因此，新谷歌通过新的架构，放权各子公司，每个公司拥有自己的CEO，也就是阿米巴经营模式的巴长。各子公司独立运营后，各司其职，获得更多的独立发展空间，也可以更灵活地管理和适应市场的新变化。佩奇希望重组可以让Alphabet（或者谷歌）重新获得“创业公司般的活力”。

笔者在阿米巴经营总裁公开课上谈到组织与战略时指出：“公司的发展需要由小到大，由大归小的组织发展回归，将大公司进行阿米巴单元划分，重新赋予大公司创业时的活力。”阿米巴经营模式就是通过阿米巴组织的划分，将公司建设成一个内部创业平台，通过内部定价与核算，每个阿米巴单元独立运营，就像一个个小公司，时时充满活力。这正好是佩奇重组谷歌的期待。

以阿米巴经营模式来命名谷歌的重组，Alphabet的每一个子公司就是一个独立的阿米巴单元；佩奇与布林为诸多子公司挑选新CEO就是为每一个阿米巴挑选巴长；每个子公司都独立运营，就是每个阿米巴独立核算、自负盈亏；佩奇和布林激励内部创业措施，就是名副其实的阿米巴经营模式。

来自世界的东西两端，新谷歌与稻盛和夫就这样在不同的时空上不期而遇。

（六）阿米巴与中国企业改革升级

目前，中国企业正处于转型升级的关键时刻，如何让企业改革“软着陆”是摆在每个企业家面前的难题。阿米巴经营正以一种落地改革的姿态，让经营回归原点，为本土优秀企业提供高效运转的经营模式。

中国企业以往的“企业变革法”是“自上而下”的，是由企业老板发动的，动力源头还是在老板，企业员工只是被动接受，能够解决的问题只是冰山一角，传统企业的“大企业病”、效率低下、成本高企、核心人才流失严重等问题仍然无法解决。反之，阿米巴经营模式的“企业改进法”是“自下而上”的，是企业员工在一线主动开启的，“人人成为经营者”的创业氛围也激发了企业活力。正是这种“阿米巴”时时改进的“小力量”彻底解决了企业机制中存在的一些根本问题，最终让企业转型成功。

思考：中国式阿米巴如何帮助企业转型?

三、阿米巴经营的作用机理

（一）阿米巴的经营目的

阿米巴经营模式是将领导力培养、现场管理和企业文化这三大企业管理的难题集中在一起解决的伟大经营模式。阿米巴经营有五大目的：

（1）实现全员参与的经营；

（2）以核算作为衡量员工贡献的重要指标，培养员工的目标意识；

（3）实行高度透明的经营；

（4）自上而下和自下而上的整合；

（5）培养领导人。

（二）实现阿米巴经营模式的五个基本条件

（1）企业内部的信任关系。无论是阿米巴经营者还是员工，必须把经营建立在互相信任的基础之上。

（2）数据的严谨。保证数据严谨的关键是经营者严肃认真的态度。各阿米巴对待数字必须要有严谨、追究到底的精神。有了这种精神，才能发挥员工智慧，实现阿米巴经营模式。

（3）及时把前线的数字反馈给现场。

（4）时常检查阿米巴是否符合工作特性（尤其是工作流程）。

（5）员工教育。员工如果缺乏一定的知识，就无法根据经营数字发现问题并找到合理的解决方式。

（三）稻盛和夫的经营哲学：敬天爱人

稻盛先生不仅是一位卓越的企业家，还是一位思想家，从企业家上升到思想家是他的成功之本。他的经营哲学集中为一点就是“敬天爱人”。

“敬天”，就是按事物的本性做事。他坚持以将正确的事情用正确的方式贯彻到底为准则，提出了十二条经营原则，即：

（1）明确事业的目的与意义；

（2）设立具体目标；

（3）胸中怀有强烈愿望；

（4）付出不亚于任何人的努力；

（5）追求销售最大化和经费最小化；

（6）定价即经营；

（7）经营取决于坚强的意志；

（8）燃起斗志；

（9）拿出勇气做事；

（10）不断从事创造性的工作；

（11）要以关怀坦诚之心待人；

（12）始终抱有乐观向上的心态，怀有梦想和希望，以诚挚之心处世。

这十二条都是事物的本性要求，按这些本性要求去做事，则无往而不胜。

“爱人”，就是按人的本性做人。这里的“爱人”就是“利他”。以“他人”为主体，自己是服务于他人、辅助于他人的。对于企业来说就是“利他经营”，这个“他”是指客户。

（四）“作为人，何谓正确”的人生哲学

稻盛和夫以“作为人，何谓正确”这一人生哲学作为企业经营哲学的起点，他给出的答案就是：作为人，应该具有公平、公正、正义、勇气、勤奋、谦虚、博爱、诚实等基本品德。

记住，这是大多数人普遍的基本品德，而非特指优秀员工、优秀企业的高要求。其实，稻盛和夫的答案与中国传统伦理所要求的“仁、义、礼、智、信”和“温、良、恭、俭、让”如出一辙。

如果企业中的每一个人包括员工和老板，都建立正确的人生哲学，并且争取“做到应该能做到的，不做不应该做的”，那么“人人成为经营者”也就为期不远了。

“作为人，何谓正确”的人生哲学适合普通人，当然也包括企业中的员工与老板。那么，推而进之，“作为员工，何谓正确”的工作哲学，就大大缩小了适应对象的范围了。

如果每个岗位的人都能拷问自己：作为员工，何谓正确？作为董事长，何谓正确？作为成本会计，何谓正确？作为招聘主管，何谓正确？作为工程师，何谓正确？作为采购经理，何谓正确？有所为，有所不为；君子爱财，取之有道……那么正确的

思考：阿米巴经营哲学的内涵，你有哪些深刻的感悟？

工作哲学就已经建立起来了。

四、阿米巴经营的价值

1. 员工价值

企业导入阿米巴经营模式后，员工将转型为阿米巴经营者。企业员工的经营思想、知识水平、业务能力、工作效益与质量、经营作风、应变能力等，将产生重要的价值。企业员工直接决定着企业为顾客提供的产品与服务的质量，决定着顾客购买总价值的大小。

2. 战略价值

企业实施阿米巴经营模式后，将明确发展方向，制定竞争策略，帮助企业拓展产品或服务的营销通道与营销方式，从而大大提高销售收入，进而把企业带入快速增长的蓝海领域。根据企业战略重新设计组织架构、优化运作流程，使企业高效、稳健地运作，彻底解放企业生产力、解放老板。一批综合素质较高的人才将脱颖而出，并且还在不断地裂变与培养，为企业源源不断地提供具有经营意识的人才。

3. 迭代价值

企业导入阿米巴经营模式之后，通过划分若干个产品阿米巴，重视技术研发，推动产品更新迭代，从而实现行业突破性创新，创造更强大的产品竞争力。在产品快速迭代的过程中，产品阿米巴扮演着重要角色。

4. 企业升级价值

企业导入中国式阿米巴经营模式之后，能够把企业升级为平台，企业不断壮大；把平台做成阿米巴，企业不断做强；把阿米巴做成合伙制，企业不断做久。

> 思考：你的公司中，是否已经具备以上四种价值？

五、阿米巴助力实现“幸福型企业”

每个企业家对于企业都有一个梦想，就是自己能够营造一个“幸福型企业”，无论老板或者员工，每个人都有幸福感，自己尽心竭力，员工热情洋溢。而阿米巴经营模式的导入能够帮助企业家们营造“幸福型企业”。

“幸福型企业”就是以哲学作为指导思想，同时需要具备两个要素——企业要满足员工日益增长的物质文化需求；员工要不断满足企业日益发展的科技和管理的需求。这两个方面是对立统一的矛盾，缺一不可，互为影响，构成“幸福型企业”的重要元素。

第一，通过科学管理体系，细分组织单元和建立经营会计，实现利润最大化；通过哲学共有体系，持续培训、重塑价值观念，实现责任最大化。

第二，当企业获得良性发展后，员工幸福体现在：物质丰富、精神充实；客户幸福体现在：质量上升、价格合理；

股东幸福体现在：收益率高、收益持续；社会幸福体现在：合作共赢、公益贡献。这就是阿米巴经营的最终目标：构建“幸福型企业”（如图1－4所示）。

思考：你打算如何建立“幸福型企业”？

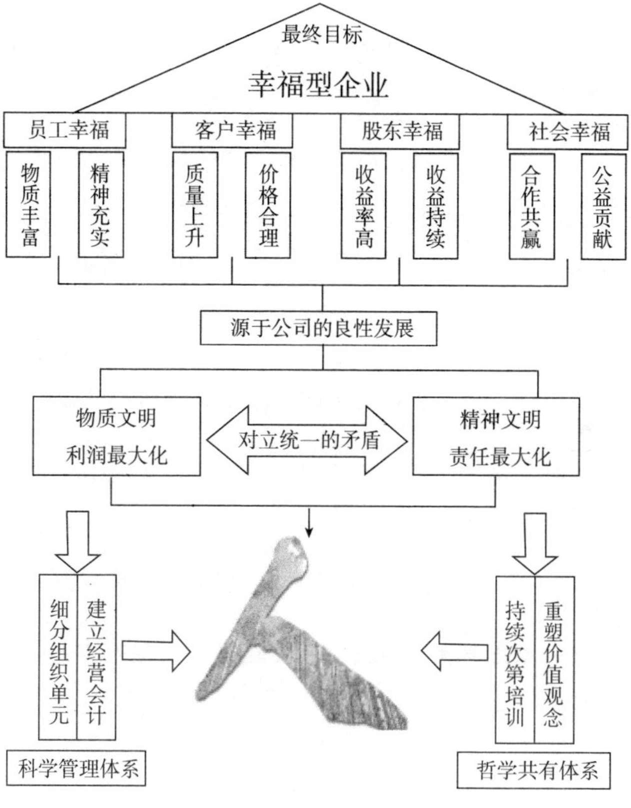

图1－4　幸福型企业的直观图

六、阿米巴经营成功的核心动力

阿米巴经营模式成功的核心动力是什么呢？我们举个例子来说明。

一家制造型企业，研发设计好了就交付制造，制造生产好了就交付销售。它们只有数量和时间概念，没有金额、单价概念。而阿米巴经营模式与传统的经营模式最大的不同在于：阿米巴经营强调把“交付转化为交易”，这是阿米巴经营最核心的部分。交易是在数量、时间和单价方面做一个平衡，而交付仅仅是数量和时间的平衡。阿米巴经营通过从交付到交易的改善，实际上就实现了从数量到金额的改善，这个改善是阿米巴经营是否能够成功的一个关键因素。

从交付到交易，也是阿米巴经营模式成功的核心动力。

交付 = 数量 × 时间

交易 = 数量 × 时间 × 单价

案例2

以华为为首，一批中国领袖级企业正在发起一场管理变革，从释放基层单元的活力着手，从整体上推动公司快速适应市场变化。

华为目前已经是全球500强的企业之一，但是，作为一个大公司，华为也有自身的一些危机。面对这些危机，华为只有通过变革才能求生存。

一、华为的危机主要体现在以下几个方面：

1. 对过往成功路径的过分依赖：成功是失败之母。

2. 组织“肥胖症”：对内外变化反应迟钝。

3. 组织“中年疲劳症”：30 年的企业发展期，如人到中年活力与激情降低，变得懒惰、消极、疲惫。此时往往是从大公司到伟大公司的生死界。所以企业需要变革，变革，再变革。

2012 年，华为公司决心进一步深化改革，悄然开始了“如何构建华为公司自己的阿米巴经营模式”的课题研究和实践探索。而导入阿米巴经营模式，要经过反反复复的前期准备，包括经营哲学的形成、顶层设计等。

二、华为今天的变革趋势，体现在以下几个方面：

1. 建立以项目为中心的运作机制，激活经营单元

华为公司努力做厚客户界面，以客户经理、解决方案专家、交付专家组成的工作小组，形成面向客户的“铁三角”作战单元，有效地提升了客户的信任，较深地理解了客户需求，关注良好有效的交付和及时的回款。“铁三角”的精髓是为了目标而打破功能壁垒，形成以项目为中心的团队运作模式。

2. 向基层释放更大权力，破除官本位文化

2014 年，华为公司将进一步推进组织变革，下移管理重心，推动机关从管控型向服务、支持型转变，

加大向一线的授权，让听得见炮火的组织更有责、更有权；让最清楚战场形势的主管指挥作战，从而提高整个组织对机会、挑战的响应速度。同时，华为公司将加强在一线作战面的流程集成，提升一线端到端效率，使客户更容易、更方便与华为公司做生意。

3. 改革薪酬体系，焕发出全体干部和员工的活力

华为公司将更多地致力于工作环境的改善，进一步增强整体薪酬市场竞争力，并使长期激励覆盖到更多员工。华为希望焕发出全体干部和员工的活力，使组织生龙活虎，更好地为客户创造价值。

4. 发挥战略愿景的精神牵引力

大公司与伟大公司最重要的区别在于，伟大公司是有价值观与愿景牵引的，而华为公司已经做到了这一点。

华为公司优化相关政策，创造更好的企业文化氛围，激励优秀员工与华为公司共同长期奋斗。

5. 进一步强化以财务变革为核心的管控体系

要求各个基层的单元都有 CFO，做好管控，形成组织正副手及 CFO 三位一体的平衡。

6. 普遍持股的文化基因

员工普遍持股是华为文化的基因，是华为管理知识型劳动者的一个核心手段。所以，华为在发生巨大变革时，总能做到风平浪静，因为每个人都是老板。

华为公司形成“面向客户的‘铁三角’经营单元；

向基层释放更大权力；改革薪酬体系，焕发出全体干部和员工的活力；员工普遍持股，每个人都是老板”等变革措施，与阿米巴经营模式中的“划分阿米巴小组、自行制订计划，独立核算，持续自主成长，让每一位员工成为主角，全员参与经营”等，有着很多异曲同工之处。华为公司是否希望借助阿米巴经营模式，再次超越自我，我们拭目以待。

第二节　公司战略梳理

提示

本节要求深刻理解战略与组织变革的关系，能做出相应的成果方案，为组织架构设计奠定基础。其他内容要求理解。

美国管理学者钱德勒说“战略决定结构，结构追随战略”。战略发生变化，企业能力相应调整，组织的结构就要相应变革。结构的变革要确定战略要求的是部分改造，还是重新设计。

一、战略梳理与组织变革的关系

（一）企业战略决定组织架构，组织架构承载企业战略

企业根据外界环境的要求去制定战略，然后再根据新制定的战略来调整原有的组织结构。企业所拟定的战略决定组织结构类型的变化。当企业确定战略之后，为了有效地实施战略，必须分析和确定实施战略所需要的组织结

构。如图 1 –5 所示：

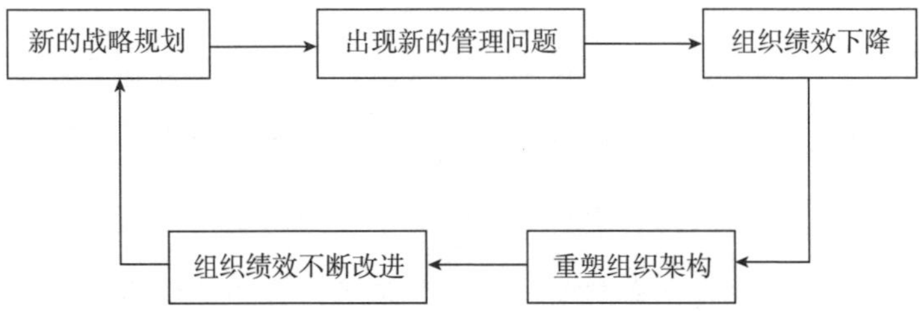

图 1 –5　战略—组织结构关系

有什么样的企业战略目标就有什么样的组织结构，同时，企业的组织结构又在很大程度上对企业的发展目标和政策产生很大的影响，并决定着企业各类资源的合理配置。所以，企业组织结构的设计和调整，要寻求和选择与企业经营战略目标相匹配的结构模式。无论是采用职能式或者是阿米巴式的组织结构，还是按照区域划分阿米巴或者按照客户划分阿米巴，一切都应当从企业的发展目标出发。

案例3

美的公司引入事业部制始于1997 年。当时家电市场正处于高速发展期，拥有空调、小家电、厨电共超过200 种产品的美的需要整合产品经营资源，每个事业部都拥有独立的市场、财务、服务职能系统，借此服务于产品的营销，把握市场机会。2002 年，美的跨入百亿俱乐部，事业部增至8 个。为了进一步提升竞争能力，美的又进行了事业部向二级管理集团的集中。此次分权奠定了美的迅速扩张的基础。

随着市场环境的变化，美的已经无法靠外延式扩张维持企业发展。2012 年 4 月，美的电器适时提出战略转型，将发展目标由过去单纯追求市场份额、降低成本提升到追求企业盈利的持续增长上来。美的从追求规模走向追求效益，其组织框架调整为战略转型的深化奠定了基石。

组织框架调整意味着根据战略做出权衡与取舍。在家电市场增速放缓的情况下，美的将四套二级平台的职能部门变为一套集团的支撑平台，虽然对市场一线的支持相对变少，但能够减少资源投入，专注于提升管理效率，符合当前形势下的战略发展需求。

美的所进行的分权改革可谓是成功组织变革的典范。在设立二级集团之前，美的不仅提出了股东、董事会、经营团队“三权分立”的经营模式，还对业务流程、人员职责、集团与下属事业部的职责均有了明确的规定。项目人力资源、研发管理、供应链管理运作过程中的每一项流程，在《分权手册》中均落实到具体责任人，使组织框架调整得以成功实施，组织更具弹性，能够灵活地应对市场需求。

2012 年，美的组织框架变革始于对营销体系的重新梳理，裁撤了部分区域营销公司，并将 2.2 万个产品型号精减至1.5万个。2012年8月，美的开始撤销二级集团，合并职能机构，进一步提升运营效率。

（二）战略调整的幅度决定组织变革的幅度

在设置和调整组织结构时，首先要明确企业发展的总体战略目标及其发展方向和重点。企业在不同的发展阶段，应有不同的战略目标，其组织结构也应做出不同的调整。企业组织结构的调整是企业战略实施的重要环节，同时也决定着企业资源的配置。企业在进行组织设计和调整时，只有对本企业的战略目标及其特点进行深入的了解和分析，才能正确把握企业组织改革的方向。

例如，日本丰田汽车公司提出了“逢山必有路，有路必有丰田车”的战略目标，倡导以“降低成本取胜”，其组织结构更加侧重于生产过程的有效控制；而德国的奔驰汽车公司以提高产品的科技含量为导向，确定了“领导世界汽车新潮流”的总体发展战略，其组织结构更加强调了科技研发的重要地位和作用。

根据组织变革幅度的大小，可以分为三个级别，见表1-3：

表 1－3　组织变革幅度

方式	幅度	要　点
改良	小	条件：企业的战略方向正确，业绩相对稳定 目的：做加法，优化和改良公司现有状态
改革	中	条件：公司战略方向基本正确，但存在低效高耗等诸多“病症” 目的：加、减法并用，实现内部效率提升 措施：调整商业模式、业务流程和分配规则
颠覆	大	条件：目前或未来面临环境巨变，或遇到严峻挑战 目的：做乘除法，做脱胎换骨式的改变 措施：重塑商业模式，打破既得利益格局，业务与游戏规则重新洗牌

（三）操作与演练

思路：从环境（包括内外环境）分析到公司战略梳理，最后盘点公司组织变革的幅度（如图 1－6 所示）。

图 1－6　组织变革思路

注：不要求精确，主要是梳理思路。

步骤 1：公司面临的经营环境目前怎样，未来会有哪些变化？见表 1－4。

表 1－4　经营环境分析

	公司目前面临的经营环境	公司未来将会面临的经营环境
外部环境	政治 经济 社会 技术 互联网 竞争对手	政治 经济 社会 技术 互联网 竞争对手
内部环境		
其他重要影响因子		

步骤 2：面对环境变化或挑战，公司有哪些战略调整？见表 1－5。

表 1－5　公司战略梳理

总体调整	具体领域	调整幅度	说　明
		大 □　中 □　小 □	
		大 □　中 □　小 □	
		大 □　中 □　小 □	

步骤 3：与公司战略相一致，公司组织变革幅度是什么？有没有时间表和相应措施？见表 1－6。

表 1－6　公司组织变革时间表

时间	调整思路	措　施
目 前	改良 □ 改革 □ 颠覆 □	
中 期	改良 □ 改革 □ 颠覆 □	
长期	改良 □ 改革 □ 颠覆 □	

成果1　公司战略梳理与组织变革分析

环境分析	战略调整	组织变革	具体领域	备注

注：不要求精确，主要是梳理思路。

二、从结构跟随战略到结构引导战略的深刻变革

通过梳理很多大型企业的组织变革，我们发现，中国企业以往通常是组织结构追着战略跑，先确定企业战略，然后相应调整组织结构。

这适用于以前相对稳定的竞争环境，今天，可以增加一种思路。随着移动互联网时代的到来，企业竞争环境开始充满不确定性，企业无法确定产业的下一波浪潮和下一个趋势。此时的战略制定者往往也看不清前行的方向。战略的不确定性越来越强，变动越来越频繁，企业制定战略的难度空前增大，这就需要适应能力强的阿米巴组织来引导企业战略的生成。

为此，一些企业导入了阿米巴经营模式，建立了探索和孵化创新的阿米巴单元，来感知新的产业趋势，或是通过覆盖广阔生态体系的阿米巴分工体系，全面伸出触角，探测各个领域的新机会，从而为企业寻找最合适的战略之路。由此开始了从结构跟随战略到结构引导战略的深刻变革。

思考：互联网时代，战略生成的方式多样，对公司的决策体系有何新要求？

三、组织结构战略性调整引起流程改组

组织结构的战略性调整会引起组织流程的改组和业务调整，并对流程效率提出要求。

流程改组大多表现为业务调整，主要涉及：

（1）集团公司下属阿米巴的数量；

（2）由产品类别所限制的阿米巴的数量；

（3）企业各级阿米巴的数量；

（4）职能部门的数量；

（5）组织层次的数量；

（6）阿米巴单元或员工的数量；

（7）设备及生产线的数量等。

第三节　企业战略解构和推演

战略规划，就是制定组织的中、长期战略目标并形成战略方案。战略规划首先要明确的是立足企业使命和愿景下的企业发展战略定位。同时要阐明企业存在的理由，并考虑战略管理的前瞻性、系统性、动态性、复杂性，战略目标的可达成性，并具有能够指导全局的整体性。具体规划内容如图 1 –7 所示。

战略领先一步，竞争更胜一筹。战略管理的水平很大程度上决定了公司的运营业绩和长期价值的提升。

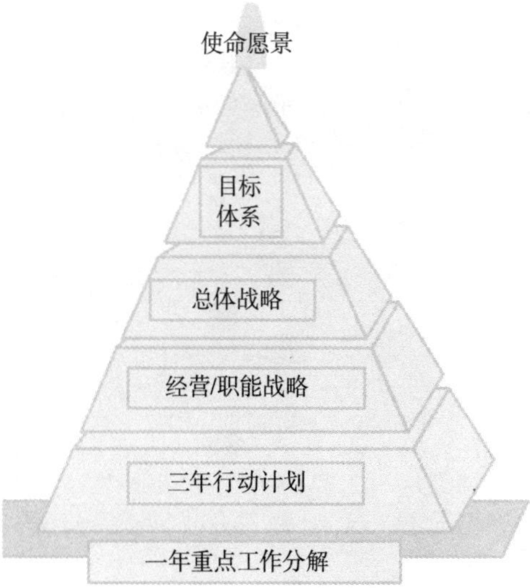

图 1 –7　企业战略规划

一、战略规划解构

企业战略规划，要考虑天时地利人和，也要做到知己知彼，方能百战不殆。天时，主要是宏观层面，例如产业、行业规律、趋势等。地利，体现在中观层面，即战略目标、战略定位、商业模式和区域布局等。人和，就是从微观层面改善，例如人财物资源配置、机制保障等。如图 1－8 所示。

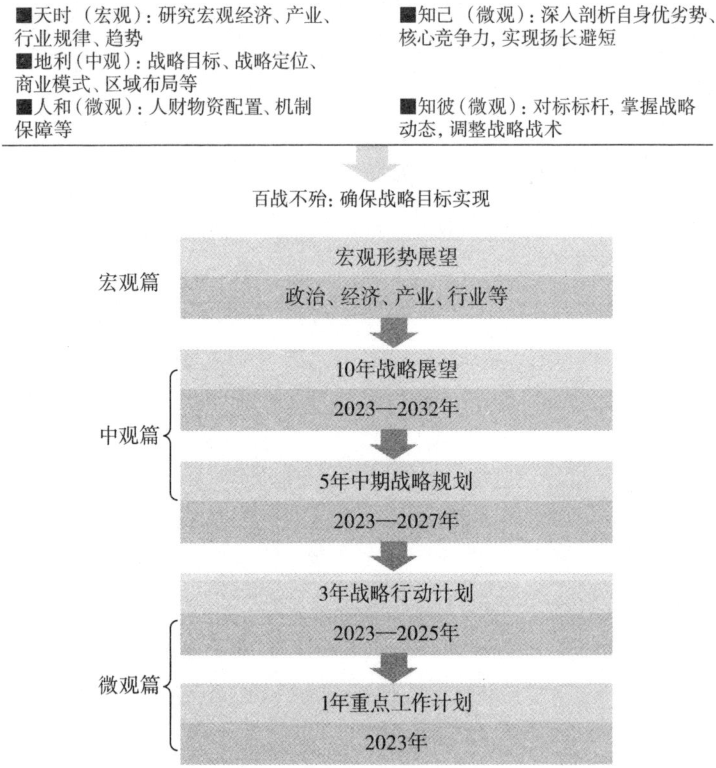

图 1－8　整体战略推演逻辑

操作

从天时、地利、人和的角度进行战略推演。

二、战略规划实现 PDCA 的步骤

战略规划过程分为四个阶段，各阶段间是层层递进的逻辑关系，最终实现 PDCA 的计划循环。

第一个阶段就是进行现状调研和内外环境分析，即对战略环境进行分析和预测、内部管理问题剖析等。

第二个阶段就是要制定发展战略规划，以及 SBU 发展及竞争策略。进行现状调研和战略环境分析以后，考虑使用什么手段、什么措施、什么方法来达到战略目标，这就是战略规划。

第三个阶段是组织战略保障，通过制定企业管控模式，优化组织结构，根据战略需要完善战略支撑体系的规划等。

第四个阶段是战略实施。企业需要进行战略规划宣贯、战略实施辅导、战略绩效评测和战略调整等。

操作

按照战略规划的四个阶段分步骤实现公司的PDCA计划循环。

案例4

联想公司的战略规划分为三个层次：集团战略发展纲要、子公司战略规划、业务部门业务规划。

（1）确定集团战略目标及路线。联想集团的中长期战略目标及路线是公司最高层（执委会）定期“务虚会”的主要内容，其形成过程不遵循一个定式，但也是一个反复沟通分析的结果。为了适应IT产业的快速变化，公司最高层每年会回顾一遍战略目标及路线，并视情况予以局部调整。集团战略目标及路线通过会议发言等形式向集团内外传达。集团战略目标及路线对公司的各项活动起着重要的指导作用，为此集团规划部门制定了“联想集团的规划管理大纲”，对目的、原则、规划职责、阶段做了指导性说明。

（2）子公司的战略规划。在集团中长期战略规划和路线的指导下，展开子公司的战略规划。

（3）业务部门的业务规划和经营预算。业务部门的业务规划受到联想全集团上下的高度重视。联想集团召集全国各地的所有高级经理集中进行1～3天的业务规划、经营预算的培训。推动各级经理人思考和总结、强化经营意识、树立“说到做到”的联想文化。

子公司的战略规划是业务部门年度业务规划的重要指导，业务规划的结果落实到每年的经营预算，各业务模块的预算都必须与业务规划相联系，在“能量化的量化、不能量化的细化”的原则指导下，业务规划按责任中心和时间进度，分解落实成具体的成本、利润、销量、时间、满意度等指标。

业务规划要求首先确立宗旨、职责，根据宗旨和职责，在非常详细的环境分析基础上得出全年的目标，之后进行经营预算、业务规划、管理规划。

以下是联想电脑公司台式机事业部一个规划的五步酝酿过程：

第一步，启动点是干部的务虚研讨会，基本上是所有处级以上干部都要进行务虚的研讨。

这一步的任务是明确整年工作的指导思想；说出全年的工作目标；确定整个大预算的框架；分工作，明确谁负责哪一块；确定推进时间表。

第二步，分块多轮次地研讨。各个部门都开会，涉及所有员工，提出每一块的规划草稿，使全员参与，提高规划的准确性，减少阻力，建立沟通平台。

第三步，分块汇报和修改。这个汇报基本是以事业部所有总经理级以上干部的联系会的方式，对每块规划进行研讨、修整，之后变成分块和定稿。

第四步，由事业部的经营管理部进行整合。

第五步，向电脑公司的总经理室进行汇报，然后定出几大修改意见，这样产生规划结果。这一过程历时将近 3 个月，几乎是全员参与。

三、SWOT 综合分析

我们利用“SWOT 分析矩阵”，综合分析公司内部的优势、劣势，以及面临的机遇和威胁。

SWOT 分析法——在企业综合战略分析方面的应用（如图 1－9 所示）。

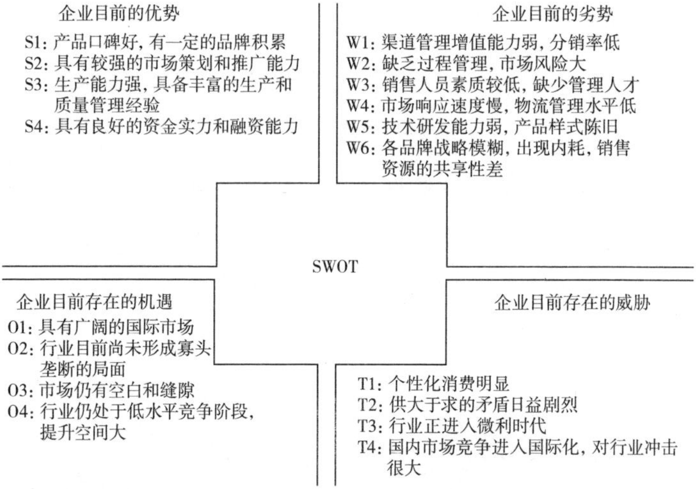

图 1－9　SWOT 分析法

操 作

从机制、产品、营销能力、资金成本、标准化等方面用 SWOT 分析法分析公司面临的机遇与挑战。

第四节 战略目标分解路径

企业的战略制定和实施过程其实就是目标分解的过程，并且遵循从上而下的原则。企业制定战略目标后把它进行分解，逐级确定目标的责任主体，以确保目标的实现。当外部环境产生变化时，企业就要对战略目标进行调整，进而也要调整战略措施。

战略目标分解，首先将总体战略目标分解为各年年度战略目标，然后各年再将年度战略目标分解为季度目标、月度目标；其次将企业战略目标分解为部门战略目标，然后部门将目标层层分解到个人。战略目标分解使企业各部门、各层次人员对企业的战略有了清晰明确的了解，同时也明确了个人的目标，将员工的奋斗目标与企业的战略目标紧密地结合起来。

战略目标分解可借助于战略地图，战略地图是指导企业落实战略的重要工具。在绘制战略地图时，必须包括财务、客户、运营和成长四个维度，然后将战略目标分别纳入四个维度中，形成战略地图的雏形。之后通过对在战略地图中分布于不同位置的这些战略目标进行因果和支撑关系的分析，进一步筛选和补充相应的战略目标，并通过连线显示它们之间的关联，最终为企业建立一个系统性的战略组合。

【示例1】某地产公司的战略地图（如图1－10所示）

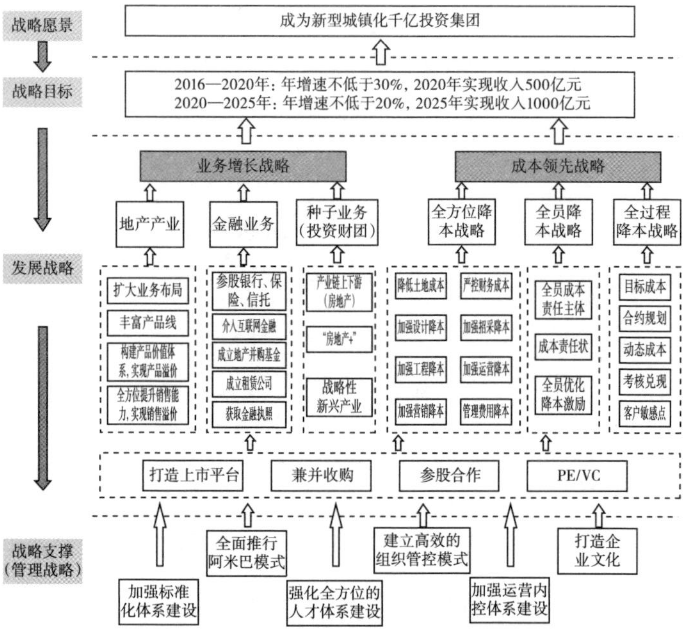

图1－10　某地产公司的战略地图

【示例2】某地产公司的5～10年战略目标（如图1－11所示）

2020年战略目标（557战略）	2025年战略目标（双千亿）
未来5年实现： （1）主业签约500亿元，年复合增长率达到30%以上 （2）总资产700亿元 （3）进入房地产行业前30强 （4）资产管理规模达到300亿元 （5）2+X布局初步成型：立足浙江，辐射长三角，覆盖京津冀、珠三角 （6）打造全国房地产知名品牌	（1）产值收入过千亿：房地产签约达到700亿元，进入行业前25强；资管规模达到500亿元，成熟的投资平台，打造3（住宅、商业、金融）+X个业务板块，并积极培育、打造3个新上市平台 （2）总资产超千亿 （3）房地产市值达到500亿元 （4）全国知名的投资财团，产业结构更加均衡

图1－11　某地产公司5～10年战略目标

成果2 5年战略目标——总体战略目标

2023 年战略目标	2028 年战略目标

操作与演练

如表 1－7～表 1－10 所示，进行公司的战略目标分解。

1. 5 年战略目标分解——销售额（见表 1－7）。

表 1－7　销售额增长目标

指标	2023 年	2024 年	2025 年	2026 年	2027 年	2028 年
销售额						
复合增长率						

2. 5 年战略目标分解——关键指标控制（见表 1－8）。

表 1－8　关键指标控制目标

关键指标	百分比
平均销售净利率	
销售规模年复合增值率	
资产负债率	

3. 5 年战略目标分解——资产（见表 1 –9）。

表 1 –9　资产增长目标

项目	2023 年	2024 年	2025 年	2026 年	2027 年	2028 年
资产总额						
资产总额 复合增长率						
净资产						
负债率						

4. 5 年战略目标分解——现金流（见表 1 –10）。

表 1 –10　现金流增长目标

现金流铺排	2023 年	2024 年	2025 年	2026 年	2027 年	2028 年
期初现金余额						
年初末回款						
当年销售额						
收入						
支出						
期末现金余额						

第五节 战略定位与发展规划

战略定位：发展方向是定性的，即朝哪里走；目标位置是定量的，即我要走多远。

在竞争对手如云的情况下，企业必须找到一种方式令自己与众不同，这是成功的定位策略的基础。如果企业打算打开市场，需要一个核心定位，就是全局的中心，这便是战略定位。战略定位是一个“自上而下”的过程。

一、进行系统的经营理念梳理

将对公司的愿景、使命和价值观进行系统梳理，使其成为能够推动公司战略发展和实施的动力源泉，成为凝聚人心、共谋发展的文化纽带和基础。如图 1－12 所示：

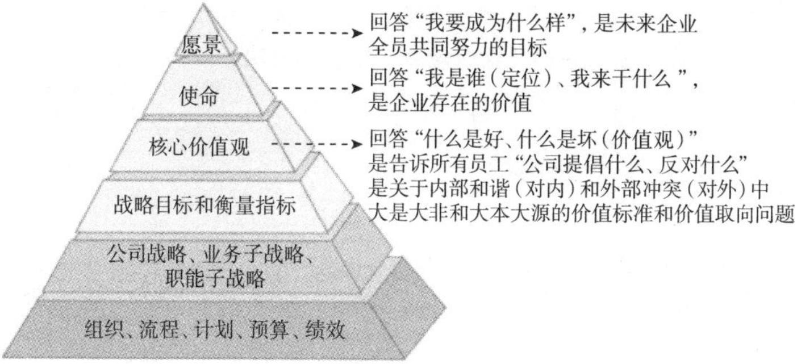

图 1－12 公司经营理念

> **操作**
>
> 梳理公司的经营理念。

二、企业使命、愿景和战略的区别

企业进行战略定位，需要了解使命、愿景和战略的区别。如图1－13所示：

> *思考：公司使命和愿景延伸为什么样的战略？*

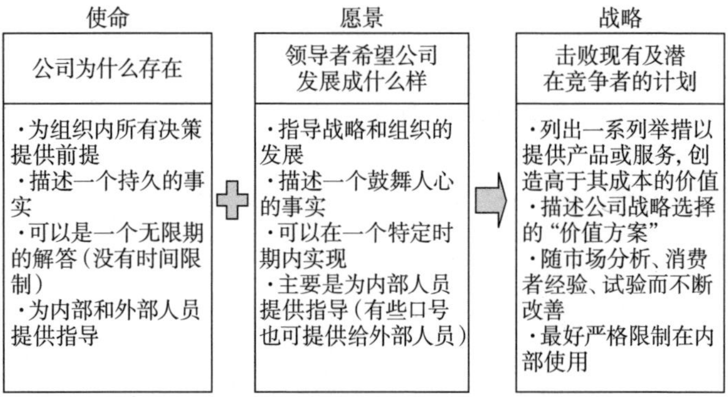

图1－13　企业使命、愿景和战略的区别

三、发展战略定位

基于对行业发展趋势和公司发展方向的认真考

> *思考：如何进行你公司的战略定位？*

虑与分析，确定公司规划期内的“发展方向与目标位置”。

【示例】 某地产公司的战略定位示意图（如图1－14所示）

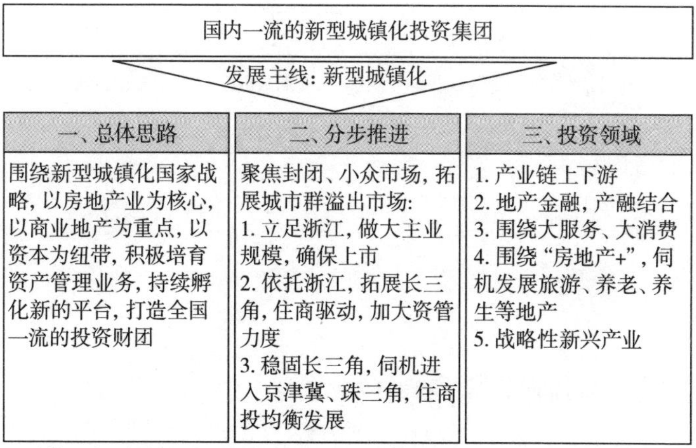

总体思路：做标杆房企能做而不想做的市场（封闭、分散、规模小）；
做小开发商想做而没实力做的市场。
总体思想：与大企业拼体力、机制；与小企业拼实力、智力。

图1－14　某地产公司的战略定位示意图

四、战略目标设定体系

根据公司自身的资源优势与运管能力分析，确定公司发展的总体目标，并将总目标分解到SBU，设定各阶段的具体目标。

成果3　发展战略目标规划

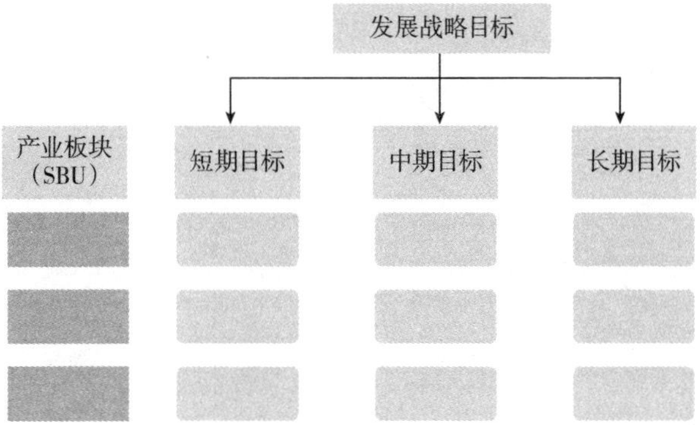

五、按阶段设定战略任务

制定公司各发展阶段“战略任务”，使战略实施在不同阶段均具有明确的主题和要求。

六、制定 SBU 发展战略

针对公司现有的业务形态，制定出各产业板块（或业务单元，即 SBU）的具体发展战略，如积极推进战略、优化发展战略、适度发展战略、逐步退出战略……

操 作

制定 SBU 发展战略。

七、主营业务模式优化设计

根据主营 SBU 战略方案，确定现有 SBU 中的哪些业务保留、哪些业务剥离，进一步提出业务模式优化设计，强化战略的可操作性。

【示例】某地产公司总体发展模式：资本经营与产业经营相结合（如图 1－15 所示）

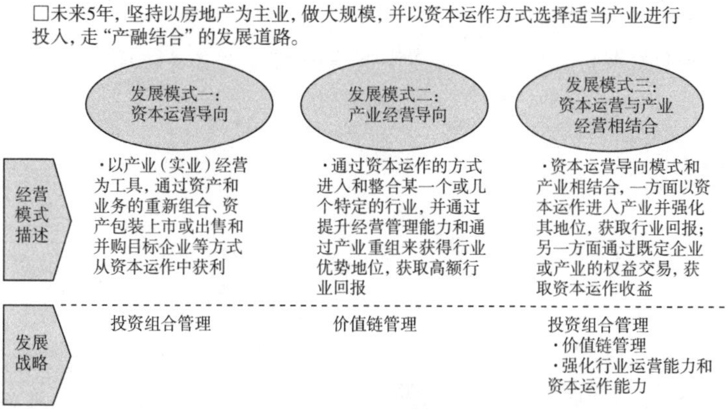

图 1－15　投资控股型企业集团通常的发展模式

八、业务模式优化设计

采用科学的分析方法，对众多的业务进行对比分析，选择那些与战略目标一致、市场前景好、自身优势强的业务优先发展，便于集中资源优势，减少浪费，达成战略目标。

九、业务战略发展规划

为公司构建三个层面的业务战略发展模式，对当前“核心业务、新建业务（树苗）和未来可选业务（种子）”进行三个梯度的战略规划，为公司的可持续发展奠定基础。

思考：公司如何进行业务战略发展规划？

【示例】某地产公司总体发展规划（如图1－16所示）

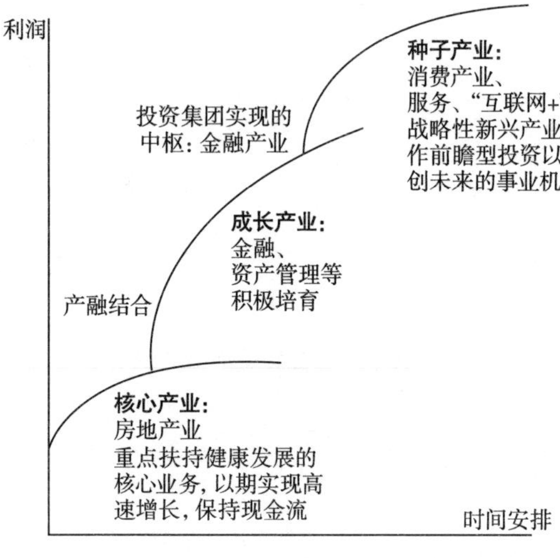

图1－16　某地产公司总体发展规划

阿米巴组织划分
AMOEBA

第二章

阿米巴组织架构设计

在完成企业战略梳理，重新设计企业组织架构，优化项目核心流程等任务的基础上，导入阿米巴组织划分、阿米巴经营会计以及阿米巴人才激励三大核心模块，以确保阿米巴经营模式能够为企业带来巨大的效益。

本章目标

1. 了解：阿米巴经营相关概念和实践经验。
2. 理解：组织变革思路和阿米巴管理体系。
3. 掌握：阿米巴组织结构设计的程序。
4. 操作：如何设计支撑战略的新组织架构。

形成成果

公司新组织架构图。

第一节 组织变革升级的思路

提示

本节内容学员理解即可，不要求操作和运营。

企业发展到一定阶段以后，往往会患上大企业病：臃肿、官僚化、决策缓慢、部门之间彼此内耗、功臣文化盛行。面对产业变革的冲击，很多企业意识到组织结构进化滞后的问题，管理者也能够以壮士断腕的勇气，进行一次组织结构变革。例如，华为等一些企业很早就开始了以客户为中心的组织变革，力图以客户为出发点，通过流程再造来梳理整个组织结构。

思考：你的公司是否有“大公司病”？具体表现是什么？

一、推倒金字塔：组织重心向一线阿米巴倾斜

很多大型企业，其组织结构往往是层级烦冗，反馈和执行链漫长的金字塔组织结构。这就导致企业无法感知市场变

化，缺乏迅速应变的能力。

企业要及时感知、洞察到市场的微妙需求，迅速行动，就必须在组织结构上重心下移，将权、责、利向一线阿米巴单元倾斜，让驱动企业增长的发动机从领导者和总部变为各个阿米巴单元，乃至每个员工。

（1）授予一线经营单元更大权力。因为一线最贴近市场，也往往是最能够产生增长活力的地方。

2010年规模达到千亿元前，万科明确了“战略总部、专业区域、执行一线”的新三级管控模式，将过去总部负责的设计、工程、销售等专业管理职能逐步下放到区域中心。

（2）去除中间层级，缩短市场反馈链和执行链。加强组织执行力，防止决策信息在层层下达中衰减。一些大型企业开始大幅度裁减压缩中间环节。

例如，苏宁在2013年的组织变革中，力推扁平化，原来“大区—子公司—运营部”三级管理体制将缩减为“大区—城市终端”两级管理体制，并扩充大区和城市终端数量，增强区域化运营和本地化服务能力。

（3）将原有组织进一步裂变、整合。把大公司拆成若干个独立核算、自主经营的经营单元，使每个经营单元都成为增长的发动机。动车为什么快？因为它每节车厢下面都有一个马达。

这些经营单元互相协同，作为一个个节点再黏合成网状，有企业的大资源平台做后盾。整个组织运作以市场需求为牵引力，形成市场呼唤一线、一线呼唤后方的联动效应。

思考：如何将金字塔组织结构变为扁平化结构？

二、总部转型——从管理中枢到服务平台

企业总部需要推进各个经营组织的知识与经验共享，打造统一的资源平台、制度平台与战略平台等。对于前线作战的经营单元而言，总部就是服务平台。

总部规模在精简，但这并不意味着总部无用。总部的精力正从直接管理中抽出，放在了打造系统平台上，后者能够带来整个企业强大的协同效率。大型企业的总部越发注重推进各个业务部门知识与经验共享，打造统一的资源平台、制度平台与战略和融资平台等。2012 年万科集团开始做“战略总部”，比如创新研发、品类分析等前瞻性研究以及融资等重大财务安排。美的总部逐渐成为知识共享平台、人力资源支持平台、体系搭建平台。

思考：总部转型，需要哪些策略与模式？

三、推倒内部的墙——从分割到协同

传统企业的组织结构金字塔化，部门之间条块分割，壁垒加深，组织活力在内耗中丧失。

企业需要打破内部壁垒，推进企业各个经营单元之间的横向协作。阿里巴巴由 7 个事业集群的总裁组成战略决策委员会，对各个事业群之间的合作进行统管和协调。阿里巴巴还实施轮岗制度，干部保持横向流动，从而让干部的视角能够超越部门的边界。阿里巴巴 2013 年成立的共享业务事业部、数据平台事业部和信息平台事业部，就聚焦于用户数据与信息在各个部门的共享。

华为在 2013 年成立的跨地区组织——片联，一个重要工作就是通过对各个地区干部的选拔与流动，打破地区和部门壁垒。海尔的自主经营体模式，则通过一线自主经营体的牵引，来实现各个自主经营体的自发协同。

在打破部门边界方面，共享平台的崛起起到了重要作用。通过共享平台，大型企业打通了各个部门的顾客或用户的数据，从而实现了针对某一顾客群的各个业务部门之间的协作。

思考：你的公司为什么缺乏活力？

四、重塑组织结构——从封闭到开放

企业通过组织结构的调整开放企业边界，真正将这些外部利益相关者纳入到企业生态的中心，从而形成更强大的生态竞争优势。打破企业边界，建立更开放的组织结构，需要企业文化具备极强的包容性。

在阿里巴巴，2013 年马云联合线下零售商、物流商等建立菜鸟网络科技公司，力图为其生态系统搭建强有力的物流基础，从而有效抵御京东等竞争对手的围剿。

思考：什么样的组织结构能够激活公司、激活员工？

五、价值链调整——从分割走向整体

有的企业在发展的进程中，为了更有效地控制风险，并实现规模效应，曾经将一些业务部门的研发、生产、销售等价值链环节切分出来，由上级部门或者单独的职能部门统一控制。

面对激烈的跨界竞争，企业需要各个产品和服务部门的价值链成为一个整体，从而根据市场态势及时调整，让面向市场的经营单元真正拥有对各个节点的话语权。

例如，美的在 2011 年，将三个业务部门的营销各自对应划归原来的空调事业部、冰箱事业部、洗衣机事业部，进行独立、

思考：企业如何应对未来的竞争？

专业化经营。

案例5

通用电气公司是世界上最大的提供技术和服务业务的跨国公司之一。目前，公司业务遍及世界100多个国家，拥有员工31.5万人。

通用电气组织结构变化，主要经历五个阶段：

阶段一：分权的事业部制

通用电气公司所面临的环境：20世纪50年代初，由于通用电气公司经营多样化，品种规格繁杂，市场竞争激烈，因此要求通用电气公司注重各个东道国的差异、灵活性，对市场需求做出及时反应。

通用电气公司的战略——多国战略。

通用电气公司采用的组织结构——分权的事业部制。公司的组织结构共计分为5个集团、25个分部和110个部门。

阶段二：分权的事业部制的继续扩张

通用电气公司所面临的环境：自1967年以后，公司的经营业务增长迅速，几乎每一个集团组的销售额都达到16亿美元。业务扩大以后，原有的组织已不能适应。

通用电气公司的战略——多国战略。

通用电气采用的组织结构——把5个集团组扩充到10个，把25个分部扩充到50个，110个部门扩充到170

个；还改组了领导机构的成员，指派了 8 个新的集团总经理、33 个分部经理和 100 个新的部门领导。

阶段三：战略事业单位

通用电气公司面临的环境：20 世纪 60 年代末，通用电气在全球市场上遇到了西屋电气公司的激烈竞争，公司财政一直在赤字上摇摆。通用电气力求开拓全球市场，开发全球性产品，提高效率。

通用电气公司所采取的战略——全球战略。

通用电气公司采用的组织结构——战略事业单位。这种战略事业单位是独立的组织部门，可以在事业部内有选择地对某些产品单独管理，以便将事业部人力物力机动有效地集中分配使用。对各种产品、销售、设备和组织编制出严密的、有预见性的战略计划。如图 2 – 1 所示。

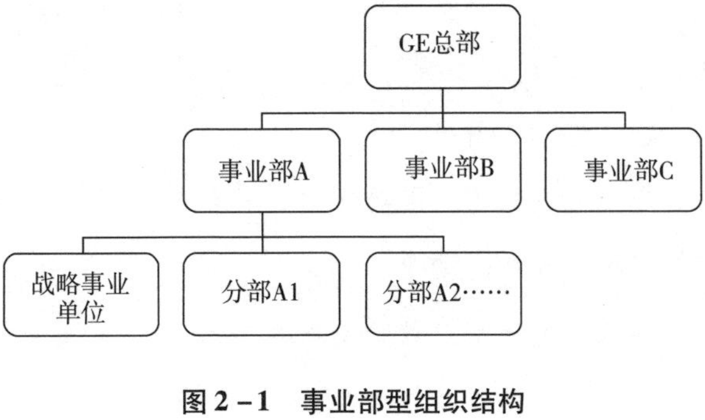

图 2 – 1　事业部型组织结构

阶段四：超事业部制

通用电气公司所面临的环境：20 世纪 70 年代中期，

美国经济又出现停滞，通用电气公司认为80年代可能会出现比较长时期的经济不景气。

通用电气公司所采取的战略——全球战略。

通用电气采用的组织结构——超事业部制。在各个事业部上再建立一些超事业部，来统辖和协调各个事业部的活动。

阶段五：组织扁平化和无边界组织

通用电气公司所面临的环境：20世纪80年代，通用电气成为多元化的大企业，350个事业单位、43个策略单位，庞大的多元事业，几乎涉猎所有行业。此时处于比较平稳的时期，但内部横亘着组织阶级，甚至可以说是官僚体系。

通用电气公司所采取的战略——跨国战略。

通用电气采用的组织结构——组织扁平化、无边界组织。

组织变革的分析

通用电气公司的成功源自内部组织的变革适应了公司整体战略发展的需要。

事业部制的组织结构实行决策分权，将权力在较低的层级聚合，鼓励灵活性和变革，因而更能适应外部环境的变化。

跨职能的高度协调，保证了组织运行的高效。

第二节　组织优化核心原则

组织结构是一个组织能否实现内部高效运转、能否取得良好绩效的先决条件。组织架构不是“自发演变”的，在一个组织中，自发演变的只有混乱、摩擦和不良绩效，所以设计阿米巴组织架构需要思考、分析和系统的研究。

企业设计阿米巴组织结构时，需要发现组织结构中“承担重任”的部分，即各项关键活动。阿米巴组织结构设计可以从以下问题开始：①为了达到公司的目标，必须在哪个领域有出色的表现？②哪些领域的绩效不佳会影响到企业的成果，甚至会影响到企业的存在？在本企业中，真正具有重要性的价值是什么？

上述两个问题有助于识别出关键活动，企业需要识别和界定这些关键活动，并把它们配置在组织的核心地位。

一、企业组织结构的演变规律

企业组织结构的演变过程本身就是一个不断创新、不断发展的过程。当前，金字塔式的层级结构已不能适应知识经济时代的要求。目前企业发展已经呈现出顾客主导化和员工知识化等特点。

企业组织形式必须是弹性的和分权化的。现代企业推崇流程再造、组织重构，以客户的需求和满意度为目标，对企业现有的业务流程进行根本性的再思考和彻底重建，利用先进的制造技术、信息技术以及现代化的管理手段，最大限度地实现管理上的职能集成，以打破传统的职能型组织结构，建立全新的过程型组织结构，从而实现企业经营成本、质量、服务和效率的巨大改善，以更好地适应以顾客、竞争、变化为特征的现代企业经营环境。

二、组织优化核心原则

组织优化原则，根据柏明顿的阿米巴咨询实践，总结为客户导向、流程导向、战略导向、扁平化原则和职能部门平台化等（如图2－2所示）。

思考：企业组织如何优化才更合理？

客户导向	客户界面五个口：销售、技术、工程、生产、售后如何高效配合
流程导向	职能分工整合，以流程高效为原则，减少流程部门间节点，提高流程执行效率
战略导向	根据战略目标匹配职能设置，支撑战略性目标实现
扁平化原则	满足阿米巴独立核算机制建设需要，业务单元直接面对客户，分权式经营，业务单元独立核算，减少纵向管理层级
职能部门平台化	减少职能部门设置，集中化、平台式运作，提高协作效率；去官本位，减少管控职能，强化支持业务服务性职能、资源性职能建设

图2－2　组织优化核心原则

第三节　组织演进指向——阿米巴

提示

本节内容要求学员理解，不要求做相关操作和运用。

组织反应迟钝、决策僵化、形态笨重……是传统企业面临的转型困局。市场环境一直在快速变化，几轮商业逻辑迭代之后，很多企业发现，自己由原来市场上的王者逐渐变成了配角，而配角的地位还处于危机状态。

互联网时代已经改写了商业的底层逻辑，企业要谋求更长远的发展，必须走上组织变革之路，激活组织成为组织转型的主流。事实上，这种组织转型潮流之前，早就有勇于打破组织边界的探索者。

例如，杰克·韦尔奇实践的“无边界组织”，他们描述了一种以企业转型为平台、员工转型为“创客”的组织形态。海尔进化为“平台＋创客”组织形态，万科开始了“事业合伙人制”……一夜之间，仿佛所有的行业巨头都想把自己“撕碎了重组”。他们知道传统的组织结构和经营模式已经不能适应这个变化多端的市场，必须激活业务单元甚至个人的活力！

在这样的时代背景下，**企业要做大，必须平台化；企业要做强，建立阿米巴；企业要做久，建立合伙人机制**。这是柏明顿中国式阿米巴的核心内容，也是中国企业突破发展困局的路径选择。

组织扁平化、平台化、创客化，是阿米巴要研究的对象，也是阿米巴落地的必然成果。

时代选择了阿米巴，阿米巴是企业组织演进的方向！如图 2－3 所示。

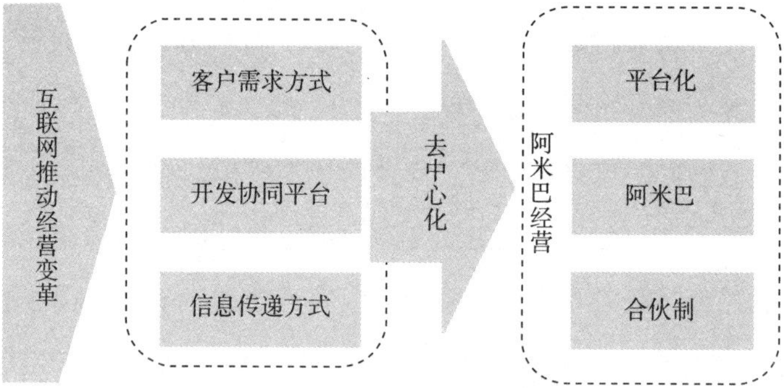

图 2－3　组织演进方向示意

案例6

海尔原来只是一家简单制造产品、交由分销商销售的传统家电生产企业，原有的完整链条，标准化、流程化的生产对用户需求的反馈较弱，企业和用户之间距离较大。

2014年，张瑞敏先生在描述海尔商业模式变革目标中首先提到了平台化，提出只有将海尔变成一个平台化企业，才能够摆脱“小变大，没活力”最终被淘汰的危机。

海尔实行平台化战略之后，推行“以用户为中心”的平台化改造，通过组合“小微”创业团队，以整合线上、线下资源为平台，联动研发设计、生产、销售以及售后为一体的互动生态系统，促使海尔完成企业转型，由传统的家电生产销售企业变为机动、灵活的互联网平台企业。

海尔在平台化改造后，将原有标准化的生产分解到各个细分市场的“小微”团队进行，很好地整合了外部客户与内部员工，建立了机动、灵活的工作方式，以用户需求为中心的驱动力较强，企业和用户之间无缝衔接。这样带来最直接的结果就是形成了快速、灵活机制，实现与用户零距离，更好地生产出适销对路的产品，如图2-4所示。

思考：海尔以用户为中心模式对您有何启示？

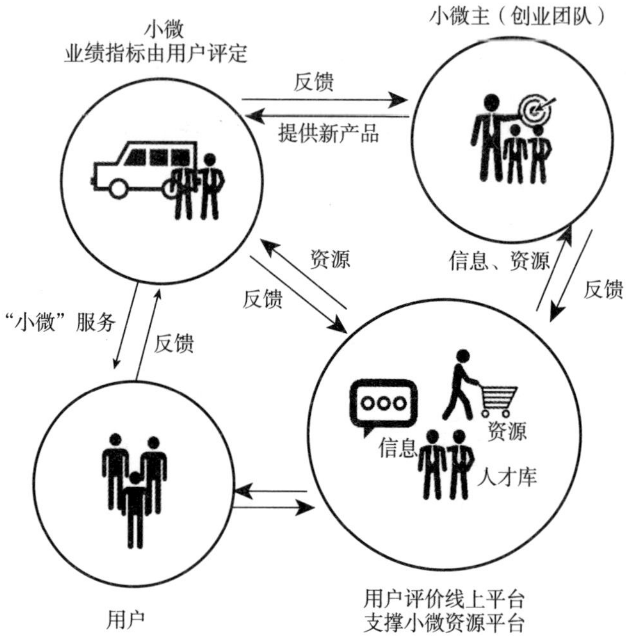

图 2－4　海尔以用户为中心模式

一、组织扁平化

（一）组织横向：去中心化，淡化边界

随着互联网技术的发展、智能制造等新兴生产方式的出现，企业组织流程和管理模式发生很大创新，去中心化已经成为企业变革的重要趋势之一。

去中心化，即在组织内部，员工以阿米巴经营单元、项目组、事业部等形式，或者按一定组织行为，组成数量众多的业务单元。这些阿米巴经营单元大小不一，可以独立核算、自主经营，在公司内部形成“百舸争流”的局面。

在横向关系方面，各阿米巴均为利润中心，实行独立核算。也就是说，实行阿米巴经营模式，意味着把市场机制引入企业内部，各阿米巴之间的经济往来将遵循等价交换原则，结成商品货币关系。

阿米巴经营单元负责人、团队成员进行双向选择，以决定团队的人员构成。为了某个业务目标，团队人员在一定时期内是稳定的；一旦项目结束或者失败，团队既可以自行解散，也可以重新组建。业务单元更多以团队、小组相称，而不是有明显边界的部门。

第一，客户个性化需求决定了企业必须去中心化。

互联网技术改变了用户的信息能力，使市场环境发生重大变化，**以企业为中心的研发、生产、销售的传统格局，转变为以客户为中心的新格局**。在此背景下，企业需要以客户为导向、以需求为核心进行组织变革和经营变革，使每个员工成为利润中心，直至组建阿米巴经营单元，从而直接面对客户，独立自主地经营。

第二，开放协同平台促使企业去中心化。

互联网技术的发展，使企业建立了开放协同平台，整合内外部资源，促进客户深度参与、产业链上下游团队高度协同，充分调动企业各部门、每位员工的积极性和创造性，实施深度合作，缩短产品研发周期，增强企业对市场的快速反应能力。

海尔的人单合一双赢模式，搭建自主经营体，要求每一个员工都直接去接触用户，推动企业平台化、员工创客化、用户个性化。海尔将原先的矩阵式组织全部变成平台，对这些平台的要求是：形成越来越多的创业公司即“小微公司”，各个节点都能共同面对用户需求。这样，平台化所形成的生态圈就不仅仅局限在企业内部，而是能够整合社会资源的开放型的生态圈。

第三，互联网信息传递方式大幅提升组织效率，有力支撑企业去中心化。

以前，传统企业都用单点式信息传递方式；但在移动互联网时代，信息传递方式转变为网络化、扁平化、同步快速化，将提高阿米巴经营单元获取、分享、沟通信息的效率，降低成本，使各个阿米巴组织之间能够发挥协同效应，行使其自主经营、决策等权力。

（二）组织纵向：扁平化，简化层级

苹果、微软、谷歌、Facebook、亚马逊、甲骨文，这些世界知名公司除了创新，另一个共同点就是采用了扁平化的组织结构。可以说，这些企业快速创新、氛围自由的特点与这种组织形式密不可分。

越来越多的国内企业也开始了向扁平化组织靠近的探索之路。例如小米科技。

小米的组织架构没有层级，基本上是三级：核心创始人—部门 Leader—员工（如图 2－5 所示）。团队不会太大，稍微大一点就拆分成小团队。从小米的办公布局就能看出其组织结构：一层产品、一层营销、一层硬件、一层电商，每层由一名创始人坐镇，能一竿子插到底地执行。大家互不干涉，都希望能够在各自分管的领域给力，一起把这个事情做好。

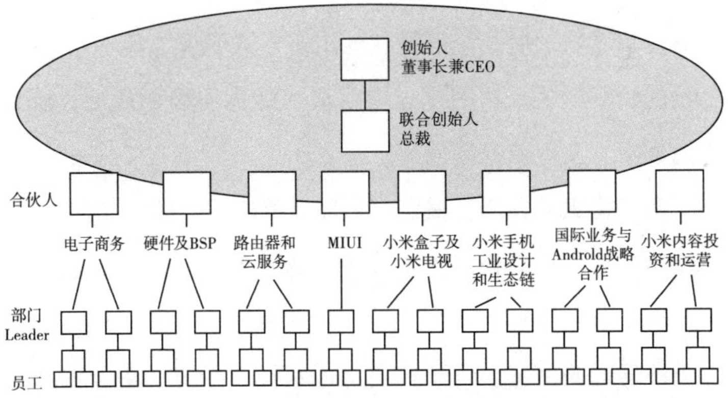

图 2－5　小米科技的互联网＋扁平化组织结构

除七个创始人有职位外，其他人都没有职位，都是工程师，晋升的唯一奖励就是涨薪。不需要你考虑太多杂事和杂念，没有什么团队利益，一心放在业务上。

这样的管理制度减少了层级之间互相汇报浪费的时间。小米公司除每周一的 1 小时公司级例会之外很少开会，也没什么季度总结会、半年总结会。

雷军的第一定位不是 CEO，而是首席产品经理。他 80%

的时间用来参加各种产品会，每周定期和MIUI、米聊、硬件和营销部门的基层同事坐下来，举行产品层面的讨论会。很多小米公司的产品细节，就是在这样的会议中和相关业务一线产品经理、工程师一起讨论决定的。

传统组织的特点表现为层级结构。一个企业的高层、中层、基层管理者形成一个金字塔式的组织。当企业规模扩大时，有效办法是增加管理幅度。也就是说，当管理层次减少而管理幅度增加时，金字塔状的组织形式就被“压缩”成扁平状的组织形式。它的优点很明显，能让层级更简单、降低沟通成本、实现更高的效率。

扁平化组织，需要员工打破原有的部门界限，简化层级，直接面对客户和向公司总体目标负责。在组织平台的支持下，阿米巴经营单元实施自主经营、独立核算。一个个阿米巴经营单位经过自由组合，挑选自己的成员、领导，确定其操作系统和工具，并利用信息技术来制订他们认为最好的工作方法。惠普、施乐、通用汽车等国际知名的企业均采取了这种组织方式，如图2-6所示。

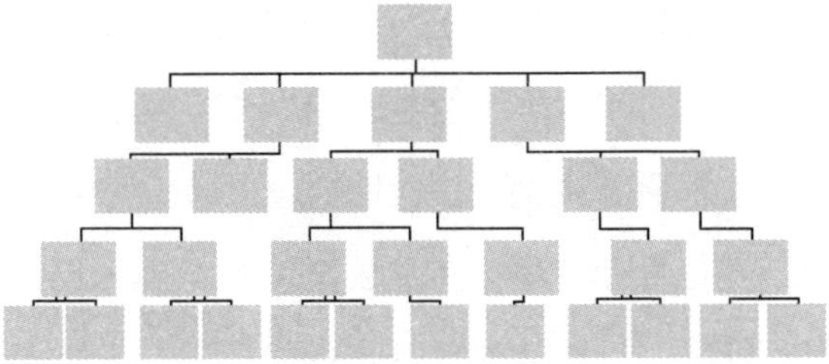

传统组织架构，强调科层控制

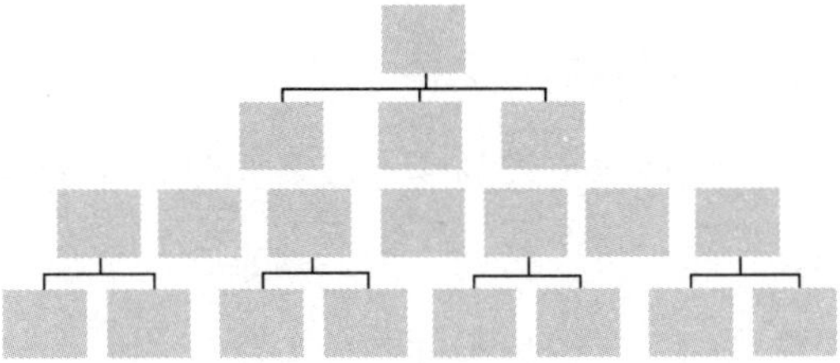

导入阿米巴之后，强调扁平化的组织结构

图 2－6　传统组织架构与扁平化组织结构对比

（三）扁平化组织结构的特点

第一，以工作流程为中心，而不是以部门职能来构建组织结构。公司的结构是围绕有明确目标的几项“核心流程”建立起来的，而不再是围绕职能部门，职能部门的职责也随之逐渐淡化。

第二，纵向管理层级简化，削减中层管理者。组织扁平化要求企业的管理幅度增大，简化烦琐的管理层次，取消一些中层管理者的岗位，使企业指挥链条缩短。例如，某饮料企业采用去中心化方式，再也没有中层干部，由若干个成员组建一个战略业务单元，独立核算，自主经营。

第三，企业资源和权力下放于阿米巴经营单元，客户需求驱动。阿米巴员工与客户直接接触，拥有部分决策权，这样可以有效改善服务质量，快速地响应市场的变化。

第四，实行目标管理。在下放决策权给阿米巴成员的同时实行目标管理，以团队作为基本的经营单位，巴长做出决策，并为之负责，使人人成为经营者。

（四）组织扁平化实现途径

为了能快速地适应市场的变化或者预见市场的变化，企业的组织形式正经历重大转变，由原来垂直的职能部门组织架构转变为横向的、以流程为基础的组织架构，以实现组织结构扁平化。实现组织结构扁平化的主要步骤：

（1）明确总部和各经营单元的定位以及职责。

（2）根据定位设计相应的部门。在明确总部与经营单元的主要定位后，需要设计有关的部门实现职责定位。

（3）明确各个经营单元的工作职责。

（4）设计实现阿米巴职责的岗位。对各阿米巴进行定岗定编，根据部门职责设置岗位，并编制《部门岗位职责说明书》，通过岗位设计使阿米巴单元能够履行工作职责。

二、组织平台化

（一）为什么要具有平台化思维

平台化思维也是目前各行各业叫嚣得最热门的词，做平台不做垂直的背后，隐含的前提是以用户为中心的价值链上的再一次专业化分工。以往的内容生产者和传播者合二为一的角色被分工，平台商更重要的职能是“我搭台而你唱戏”。

对于阿米巴经营系统而言，其实企业就犹如一个平台运营商，企业构建这样一个平台，创造一个内部市场，制定内部市场的各个用户交易的规则；而各级阿米巴就如同平台上的各个自主经营体，灵活地完成和用户的交易。从阿米巴的组织架构来看，从传统的、纵向的金字塔形的架构转变为横向的、扁平化的架构，其实质正是从垂直化到平台化的转变。

（二）企业平台化的本质和意义

企业平台化的本质就是将企业做小，化整为零。企业进行平台化变革后，各个部门变成了一个个以营利为目的的阿米巴组织。企业与员工之间的关系不再是雇用关系，而是合伙人关系。企业不再只是为员工提供一个工作岗位，而是以资本、品牌等为平台为他们提供一个创业的机会。企业平台化的意义，主要体现在：

第一，由传统的经营模式转变为阿米巴经营模式，将公司的业务化整为零，拆分出若干个阿米巴单元，从营销端到生产、研发设计，全面实现内部各营运环节的独立结算，使“人人成为经营者”。

第二，公司实现由“重资产、重人力”向“轻资产、轻人力”转变，由经营业务向阿米巴经营平台转变，由经营资产向阿米巴经营人才转变，降低了公司的投资运营风险，能更灵活地应对市场变化。

第三，重塑企业价值体系，有效整合外部散、小、乱、弱的个体资源，通过合伙人机制形成联盟，收益方式由“经营的短期收益”向“战略的长期收益”过渡。

第四，通过平台化的规划和操作，完成企业组织架构调整与升级，整体提升企业管理能力，提高工作效率，推动企业内部效益进一步提升，减少公司内部成本损耗。

（三）平台化组织所具备的特点

通过平台化改造，可以为企业创造高收益。那么，平台化组织所具备的特点包括哪些？

（1）**引入市场机制：**企业通过平台化改造，将传统职能制的组织结构转变为若干个阿米巴组织生存和发展的结构，同时引入市场竞争机制，对阿米巴组织实行优胜劣汰，从而更加有效地整合资源。

（2）**创造总部价值：**平台化改造后的组织形态为扁平化，业务管理基本下放至一线阿米巴单元。总部集中精力为各阿米巴组织提供更多关于战略、人才、品牌、数据及资金方面的支持，而非陷于职能制管理中不能自拔。

（3）**提升组织效率：**通过平台化改造，不断衍生出新型、多样化的业务结构。通过业务组合，提高企业运作效率与抗风险能力。

（4）**企业文化力**：通过在平台化改造中重塑、提升企业文化，明确了企业的战略、使命，为阿米巴组织提供精神支持，实现阿米巴组织间的文化融合。

企业的平台化规划和操作绝非易事，其表现形态，即阿米巴经营模式具有独特的魅力，否则不会引起诸多企业家的共鸣。但阿米巴经营模式的实施却是系统的、复杂的，企业平台化的规划和操作涉及对战略规划、经营模式、组织模式、人才模式、文化建设等多方面变革，不是照猫画虎、断章取义，企业家务必要完成系统思考并有计划、分步骤地实施。

企业通过整合内部、外部资源等方式，把核心资源打造成企业平台，将现有的和未来的各项业务通过阿米巴经营模式与员工内部创业相结合，最终把企业做成平台、把平台做成阿米巴、把阿米巴做成合伙制。如图 2－7 所示。

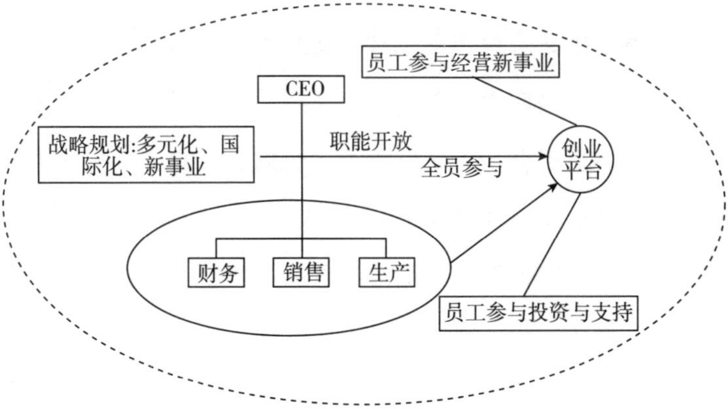

图 2－7　部分职能向内的互联网化的平台组织

平台内的员工、阿米巴单元，都成为平台上的资源整合单元。平台上的各个阿米巴单元可选择对自己最有利的平台合作伙伴或资源支持。平台以其灵活性有效激发平台上阿米巴单元内员工的积极性，迅速扩大平台规模和影响力。企业通过股权激励等方式，促使一大批优秀的产业人才保持与公司的长期合作与共同发展，帮助企业组建成一艘商业航母。

三、组织创客化

企业必须经过重大的架构重组，才能为阿米巴经营、内部创业提供适合的土壤。

内部创业，指企业鼓励员工努力开发新的想法，开展新的变革及新的技术，使企业拥有可持续的竞争优势。对于内部创业，企业需要对组织架构进行优化整合。

（一）建立支持内部创业的组织架构

企业为了鼓励内部创业，需要采用科学、灵活的管理框架，成立独立经营的阿米巴单元。而那些暂时无法推行内部创业的企业，就需要对组织架构进行调整。

科学的管理框架，其基本理念就是使企业的组织架构更为扁平，减少层级。只有这样，才能促进员工沟通，鼓励创新，加快信息的内部流通，提高企业对外部环境的敏感程度和反应速度。此外，通过权力下放，级别低的员工会拥有更高的自主权，推动创新理念的执行。

建立支持内部创业的组织架构，关键策略为：

（1）围绕工作流程而不是部门职能来建立机构，传统的部门边界被打破。

（2）改变金字塔形的等级机构，取消中间层级，实现纵向层级的扁平化。

（3）要对管理业务整合和职能调整进行认真的调查和论证。业务流程设计应做到职能设置科学，管理流程短、信息畅通。管理层的机构和岗位设置应做到精干高效、责权对应。

（4）为使横向的组织结构设计奏效，流程必须以客户导向为基础。

（5）提高员工素质。由于扁平化的内涵是减少管理层次、扩大管理幅度，因此一定要实行竞争上岗，保证关键岗位上的人员素质。

（6）周密编制实施方案，特别是企业集团大范围地推行扁平化管理，更应编制好科学、详尽的实施方案。

案例7

丰田公司就采用了扁平的企业架构并从中受益。丰田在2009年业绩不佳之时，对企业架构实施了一系列的调整。2011年3月，日本大地震和海啸让丰田的生产一度中断。为了拯救丰田，当时丰田公司摒弃了自下而上逐级汇报，然后等待逐级批复的传统做法，而是授予各级经理自主决断的权力，以节省时间，减少自然灾害对公司的影响。此外，为了进一步提高公司的决策速度，公司总裁将董事会的成员削减了一半。一番变动之后，丰田的业绩大幅提升。

（二）成立内部创业团队，取决于公司的目标和实施需求

对于多数企业，这样大刀阔斧的架构重组，从企业文化或财务状况角度来讲，也许不够现实。那么另一种做法就是成立一个内部创业的阿米巴经营单元。这个阿米巴单元的首要任务，就是提出创新性建议，扩大企业利润，让企业获得可持续的竞争优势。

成立什么类型的内部创业团队或阿米巴单元，取决于企业的具体目标和实际需求。对于那些需要改善现有运作流程的企业来说，一个潜力开发型阿米巴便是最好的选择；而对于那些想要开拓新的投资渠道的企业来说，一个外向开拓型阿米巴则更为适合。当然，企业还可以同时成立多个不同类型的阿米巴单元。

无论是哪一类阿米巴组织，都必须采用各种办法，最大限度地为企业带来创新。这一点可以通过评估备选成员的背景、资质，以及经历来实现。

有了合适的架构，企业还必须通过文化建设，增强内部创业的效果。成功实施了内部创业的企业，在企业文化上都具有这样的特点：高度信任感、高度心理安全感、高度的正义及公平感，以及对错误和失败的超强容忍力。

在今天这种充满竞争和变化的商业环境中，企业要想成为高度创新型企业，关键一点在于鼓励企业的内部创业。首先，企业高层领导明确鼓励内部创业的发展思路，并且保证全体员工都能充分领会，从而获得公司全员上下的支持。其次，企业必须采用合适的组织架构，促进创新。通常来讲，企业必须进行重大的架构重组，才能为内部创业提供适合的土壤。

四、做好企业阿米巴规划

总部平台掌握核心资源，并通过强化核心资源不断地吸引新的人才和新的业务，帮助企业组建一艘商业航母。集团每个业务单元都采用阿米巴经营模式，共享平台资源，既能发挥大公司的资源优势，又能体现小公司的灵活性，极大地提高集团的对外竞争力。阿米巴规划包含的内容有：

（1）明确企业的行业竞争状态，进行战略规划；

（2）明确企业的平台化战略模式及竞争选择、执行步骤；

（3）在战略方向和经营目标明确的基础上，明确未来若干年的战略执行步骤；

（4）重新调整组织架构，特别明确总部价值下的阿米巴组织设计及职能设计；

（5）明确阿米巴组织的能力要求、经营权限、标准（分层）；

（6）理顺核心业务开展流程，阿米巴组织之间的对接事项；

（7）明确阿米巴组织的分利机制、内部交易机制、对外合作等关键机制；

思考：公司在实现组织扁平化、平台化、创客化方面分别需要做哪些尝试？

（8）建立阿米巴人才晋升管理体系。

案例8

某商场是张家港最大零售集团，也是柏明顿的阿米巴咨询客户。该集团于1999年从国有企业改制为民营企业，经过20多年的发展，已经成为地区最大零售商。集团旗下包括3家百货公司、300多家大小超市，涉及旅游地产、通信、物流、加工制造等。

但是在电商冲击之下，该公司零售业务日益下滑。多元化发展管控难度加大，甚至失控。公司董事长带领5名高管听完柏明顿的公开课后，毅然选择与柏明顿进行咨询项目合作，在2014年10月导入“战略＋阿米巴＋企业平台”。

一、解决方案

1. 定位、战略、战术

A. 将集团定位为“生活服务平台”，整合市内各种生活服务资源，纵向深度发展，一改零售产业以前多次“走出去，铩羽归”的局面。

B. 大力发展O2O模式，在巩固零售份额的前提下，又增加了生活服务的收入。

2. 文化、管控、创业

A. 从思想根源上去除“阿姨级”管理人员、店员的国企思想，真正贯彻服务、诚信理念。

B. 将业务管控权力下移到各级巴长，总部保留战略、投资、监审等职能，精兵简政。

C. 先从门店开始，实行员工内部创业，强调“在线大于在册”、利他共赢的经营理念。

3. 把企业做成平台

A. 梳理、整合、优化集团的资源，包括品牌、资金、文化、人才、物业、物流、融资、供应商、管理体系、会员客户、店面网点、地方关系等，并将这些资源打造成企业发展平台。

B. 先把公司内部现有的百货、超市、通信等业务置于平台上发展，然后再整合本市的餐饮、美容美发、航空票务、家政、酒店、快递、第三方物流、婴幼儿用品、沐足、小额贷款等服务行业，通过统一的会员卡纳入平台IT系统内共享资源。

C. 在平台的基础上，便利店整合O2O的快递、代收水电费用和电话费等业务；超市整合进来生鲜、特营专柜；百货整合进来自制、自营、自购、代理销售等业务。

4. 把平台做成阿米巴

A. 按产业维度划分一级阿米巴，如百货、超市、物流、通信、地产、加工等，一级阿米巴又根据需要划分成二级和三级阿米巴，共成立713个阿米巴。

B. 每个阿米巴独立核算，除承担本巴直接发生的物业、人工、购进成本等外，还分别按营业额、毛利、人数等维度分摊集团总部的各种费用，实现经营压力层层传递。

C. 巴与巴之间由以前的交付关系转变为交易关系，如物流中心给超市门店配送，以前只是为送而送，现在改为按公里数计价；拓展中心以前只负责找物业，现在改为包括装修在内，直到开店的所有业务，然后让超市巴支付费用。

5. 把阿米巴做成合伙制

A. 除百货、超市、物流配送等主营业务外，其他业务均独立注册公司，总经理竞聘上岗，而且整个高管团队必须共同投入部分资金成为股东。

B. 以前只为超市输送产品的包子、红枣、烘焙、熟食等部门独立成巴，可以对外营业，其中的负责人与核心团队可以分配本巴的利润。

C. 部分便利店通过员工内部创业机制，实行公司与店长合伙制，店长成为本店的大股东；大型超市、百货则按品类分巴，巴长对利润负责，按股份比例分享利润分红。

二、项目效果

1. 超市事业部（一级巴）想办法把以前富余、闲置的物业全部租赁出去，收租800多万元/年。

2. 共有31家门店、137名员工转为合伙人，不发工资，节省人工795万元/年。其中包括公司让出股份红利313万元/年，实际节省482万元/年。

3. 整个外部生活服务业务，预计收入500万元/年，利润约450万元/年。

4. 集团营业额增长75%、利润增长92.36%，在电商冲击下逆势而上，堪称经典！

第四节　阿米巴组织架构设计原理

提示

本节内容学员理解即可，不要求做相关操作和运用。

阿米巴组织体系包含了阿米巴组织结构、组织变革、流程再造与组织再造等子体系，是一个较为复杂的有机系统，是企业本身成长的需要。

一、阿米巴组织架构设计的规划

针对公司现状，遵从“整体规划，分步实施，合理变革，稳健推进，确保落地”的原则，遵循阿米巴组织结构设计的“五个要素”：经营哲学、公司战略、组织结构、核心人才、运营系统，如图 2－8 所示。

（1）公司战略是为了企业获得持续竞争优势而规划的一系列相互协调的行动方案。

（2）经营哲学决定了企业的使命和愿景，以及核心价值标准；决定了需要怎样的组织结构和业务流程。

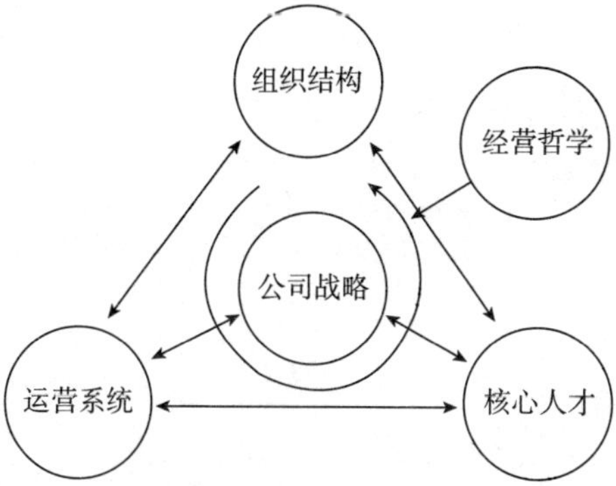

图2－8 阿米巴组织结构设计的“五个要素”

（3）组织结构确定了企业内部纵向及横向的关系。

（4）竞争优势最终必须落实到运营系统，体现在核心业务流程上。

（5）有了核心人才，才能选出优秀的“巴长”。

以“战略规划”为起点，从“经营哲学、战略规划、划分阿米巴组织、经营管理体系优化、股权激励设计”等领域来加快企业管理提升与管理改善的顶层制度安排。

思考：如何科学规划公司的组织结构?

二、阿米巴战略规划模型

按照“战略规划金字塔模型”，从分析

思考：如何在公司各个层面进行战略规划?

整体发展战略、阿米巴单元战略、战略实施支撑体系三个维度展开对公司的战略规划，如图2－9所示。

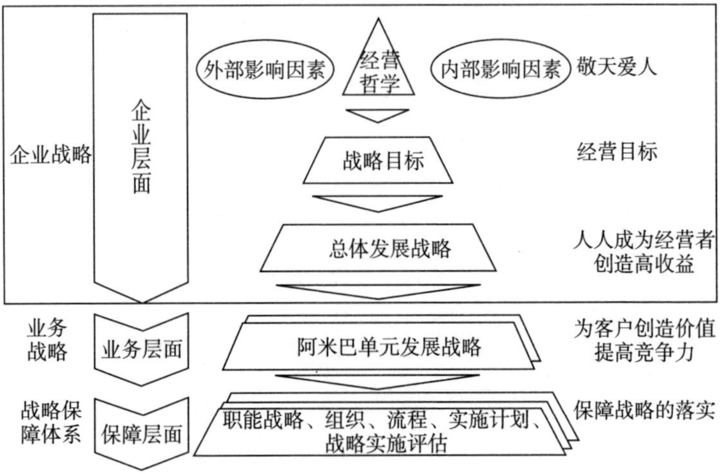

图2－9　战略规划金字塔模型

三、阿米巴组织体系的逻辑

阿米巴组织体系的逻辑关系，如图2－10所示。

在阿米巴组织体系中，整个公司可以看作大的“阿米巴单位”，SBU（事业部）是较小的“阿米巴单位”，Mini－SBU是SBU内部更小的经营单位，Cell－SBU则是细分后更微小的单位。

（一）基于SBU的阿米巴组织运作体系的内涵

第一，SBU组织运作体系。

SBU组织运作体系主要包括以下内容：战略澄清；SBU

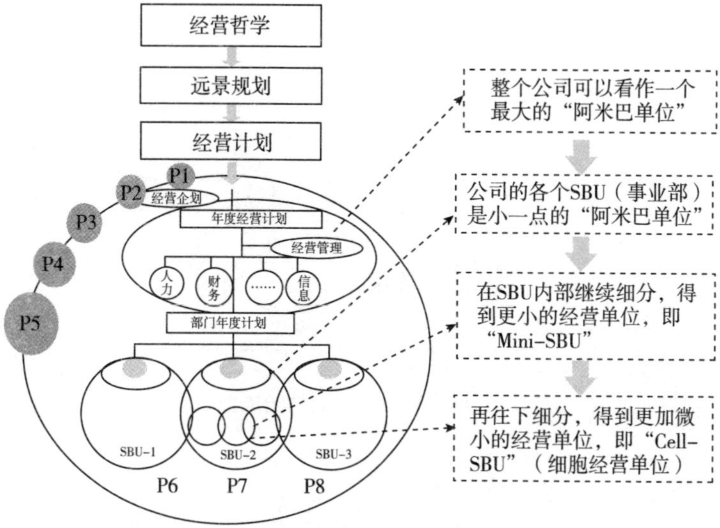

图 2－10　阿米巴经营管理体系的划分逻辑

组织划分；管理模式分析与总部职能部门设置；总部职能部门与各 SBU 职能规划；SBU 的职能管理、运营管理与重大事项管理要点明确；核心流程优化与关键权限划分等。

第二，Mini－SBU、Cell－SBU 组织运作体系。

Mini－SBU、Cell－SBU 组织运作体系主要包括：阿米巴组织单元划分；阿米巴组织定岗定编定员；阿米巴组织之间的对接事项；阿米巴组织的权限明细等。

（二）基于 SBU 的阿米巴组织运作体系的要点

基于 SBU 的阿米巴组织主要由总部与各经营型 SBU 组成，如图 2－11 所示。

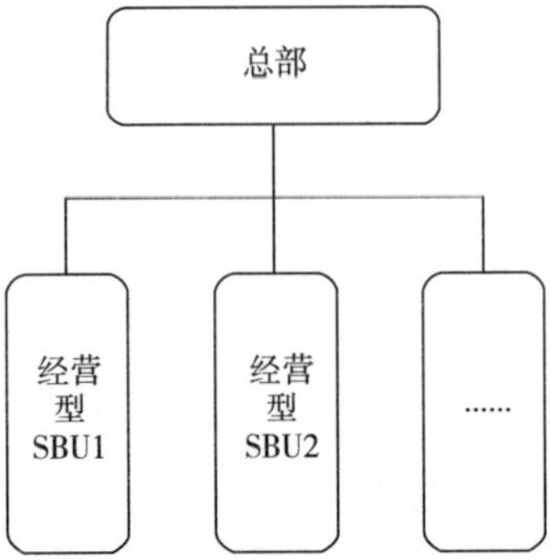

图 2－11　阿米巴组织的组成部门

第一，种子业务孵化。

在现有业务维持或壮大的同时，为支撑企业进一步规模化、持续化发展，总部需要承担种子业务的孵化职能，以不断地催生新的事业部。当新的业务规模较小，尚不足以支持阿米巴经营模式运作时，总部可以以项目制对其进行直接管理。

第二，非管控职能“能下放就下放、能剥离就剥离”。

总部相关业务或业务支持职能，如采购供应、技术工艺、仓储管理等尽量“下放”到各阿米巴单元，以保障各阿米巴单元主营业务的高效开展、对外部市场的快速反应。有关服务职能/部门，如会计核算、人事事务、行政后勤、物流运输等，“剥离”出来以服务型阿米巴的形式来运作，以控制企业服务费用成本、抑制职能部门的官僚作风；同时，对各阿米巴单元实行有偿服务、交易收费，达到通过共享服务实现资源的集中利用、成本的有效降低之目的。特别说明的是，当集中的采购供应、生产制造等职能不对外经营时，亦可考虑将其定位为服务型阿米巴来运作。

第五节　阿米巴组织架构设计操作

提示

1. 本节内容极其重要，是本章的成果部分，要求反复演练和操作，做出相关方案，并能运用到实际工作中去。

2. 请根据操作步骤指引进行操作，可参阅前面讲到的内容，融会贯通。

战略决定组织架构，组织架构支撑企业战略落地。根据企业战略重新设计组织架构、优化运作流程，使企业高效、稳健地运作，彻底解放企业生产力、解放老板。

通过表2－1，我们可全面了解阿米巴组织架构与传统行政组织架构的异同。

表2－1　阿米巴组织架构与传统行政组织架构的异同

比较项目	传统组织架构	阿米巴组织架构
层次与幅度	层次多、幅度窄	层次少、幅度宽
权力结构	较集中、等级少	分散、多样化
等级差异	不同等级差异大	不同等级差异不大
沟通方式	上下级之间沟通距离长	上下级之间沟通距离短

续表

比较项目	传统组织架构	阿米巴组织架构
职责	附加于具体的职能部门	很多成员共同分担
通信方式	传统通信方式	现代网络通信方式
协调	明确规定管理制度	手段多样、注重直接沟通
持久性	倾向于固定不变	持续地适应最新情况
选用环境	较稳定	快速变化
企业驱动力	高层管理者驱动	市场需求驱动

设置任何部门都必须成为企业某一战略的载体。如果企业某一战略没有承载部门，就会导致架构残缺。

华东某企业在全国设立了十个分公司，经营规模也超过十亿元，但由于企业没有成本核算部门，欠银行贷款一亿多元，老板连哪家亏损哪家赚钱都搞不清楚！前些年轰然倒塌的集团企业无不与此类似。

由此可见，在企业战略要求的背景下，不同的战略需要不同的组织结构来支撑。

设计支撑战略的阿米巴组织架构，可以分五步进行：战略梳理、公司业务梳理、选择组织架构的类型、划分功能、确定层级。

第一步，战略梳理与组织调整幅度分析

见第一章的操作。

操作

调整公司组织结构。

第二步，公司业务梳理

公司业务梳理的核心是对公司业务战略的澄清——审视现有业务组合，寻求持续成长机会。这是后续阿米巴组织划分、管理模式确定及总部职能部门设置等的重要前提。而业务战略思考需要回答三个关键议题："何处竞争""如何竞争""何时竞争"，也即"选择目标市场、产品和客户，以集中力量于一些细分的产品或客户市场上""列举可能的竞争方式，并尝试不同的基本竞争手段（如采用新技术）""决定战略动作的时间性，公司有时会有许多互不影响的选择，必须排列这些举措的时间次序，或在不同的阶段有不同的战略选择机会"。

战略梳理是让组织架构设计者想清楚：企业战略可以细化为多少目标？各种目标可能从何种途径实现？企业决策者应该关注的重点是什么？有哪些目标可以分解到他人负责？

【示例】某精密塑料制造企业的业务战略与竞争战略

业务战略：大力发展工程塑料业务、充分关注模具与注塑业务、稳定高端风叶业务并择机进入二、三线空调厂商。有关竞争维度的战略思考见表2－2：

表2-2 某精密塑料制造企业的竞争战略

	风叶业务	工程塑料业务	模具及注塑业务
何处竞争	向二、三线空调厂商的扩张	向外地风叶分公司扩张	逐渐以注塑业务带动模具发展，并朝精密模具方向发展
如何竞争	进一步巩固高端品牌定位，提升关键技术能力，重点提升生产效率和成本控制能力	提升研发和工艺设计及产品质量和成本控制能力	提升业务开拓能力和精密模具设计制造能力
何时竞争	适时进入二、三线空调厂商首先稳定商端市场份额（近期核心业务），在保证工程塑料和注塑业务资金投入基础上，选择时机开拓二、三线空调厂商——先针对二、三线空调厂商打入部分高端产品，保持风叶的高品质	优先发展工程塑料业务：此业务的发展能够带来较高的价值创造和业务协同效应——能够为风叶和注塑业务的发展提供支持，且经过多年的积累，目前在技术研发和产能上已具备一定的基础。因此，应优先、快速发展工程塑料业务，在人力和财力上做大量投资	充分关注注塑业务：模具业务的进一步发展需要较大的资金投入，且为公司带来的直接经济价值不大。而注塑业务发展好的话可带来较高的价值，由于模具和注塑是联动的业务，因此，应对二者进行充分关注，加大注塑件业务开拓的力度，通过注塑件带动模具的发展

注：此企业主要有风叶、模具及注塑、工程塑料三大块关联业务。其中，风叶业务贡献了85%以上的销售额，占据绝对优势地位。

操作

梳理业务流程。

第三步，选择组织架构的类型

组织架构的类型因企业战略不同而不同，因管理方式不同而有异，因企业不同发展阶段而有别。到目前为止，企业组织架构形成的主要类型有阿米巴式组织、职能式组织、直线式组织、矩阵式组织等。选择何种类型，企业可根据组织架构设置的五原则均衡考虑后做出取舍。

如果企业导入阿米巴经营模式，则需要选择阿米巴式组织结构。阿米巴组织结构由传统“正三角”变成“倒三角”，这个转变是为了强调价值传递而非行政权力，如图2－12所示。

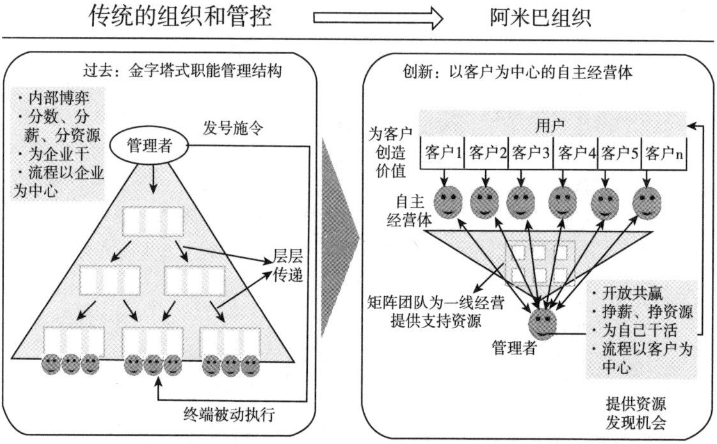

图2－12 阿米巴组织结构由传统“正三角”变成“倒三角”

操 作

设计一个阿米巴组织结构。

第四步，划分职能

组织职能因企业选择的组织类型不同而会有不同的组合。

例如，不同企业的总经理办公室承载的职能可能有天壤之别，有的总经理办公室负责采购职能，有的总经理办公室负责合同管理。制造企业的生产部也因产品不同、规模不同，承载的职能也是千差万别。比如，有的小型企业生产部包揽了除行政后勤、营销之外的所有职能，从材料采购到计划安排，从技术研发到工艺指导，从成品检验到订单交付一条龙负责到底。而一家大型企业的人力资源部则可能承载以下职能：人才规划、招聘任用、培训开发、绩效管理、薪酬管理、劳资关系、员工发展、企业文化建设、社团管理等。

组织职能划分越具体，后面的岗位设置就越简单。此时就可以进行阿米巴组织划分了，不论选择何种组织类型，都需要将企业战略职能列出，如总经理办公室、人力资源部、财务管理部、生产部、物控部、技术研发部、品质管理部、营销管理部、物流配送部等。规模大的企业还需要继续往下细分管理职能。然后在此基础上，进行阿米巴组织划分。

操作

做一张表，列明公司战略主要承载部门及主要职能。

第五步，确定层级

对于管理跨度大的企业，需要进一步考虑管理层级，避免管理真空出现。如全国连锁企业，就需要考虑区域公司、省级公司、办事处等管理层级的细化，以落实企业组织架构设计的责任均衡原则。

阿米巴组织架构设计的最终呈现方式就是组织架构图，如图 2－13～图 2－20 所示。

【示例 1】

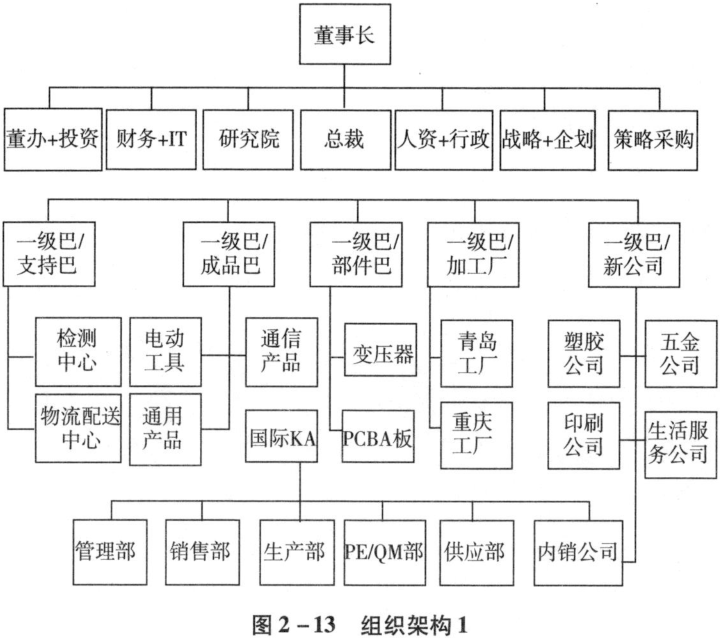

图 2－13　组织架构 1

【示例2】

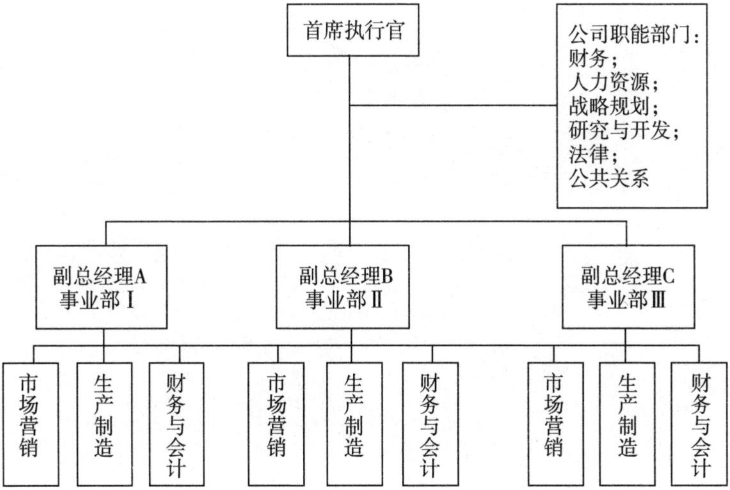

图2-14　组织架构2

【示例3】

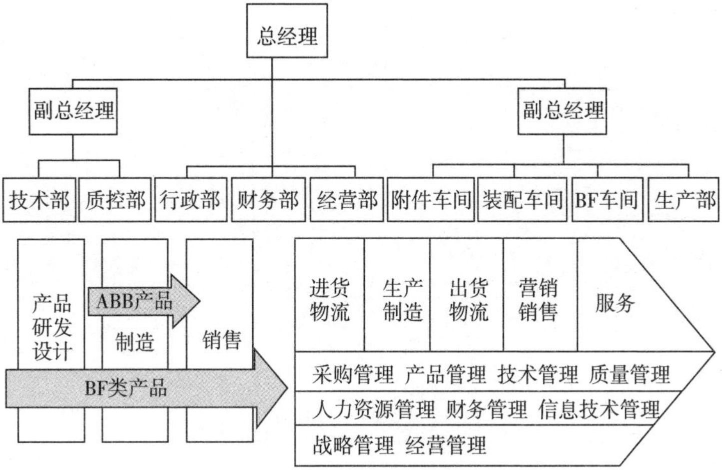

图2-15　组织架构3

【示例4】

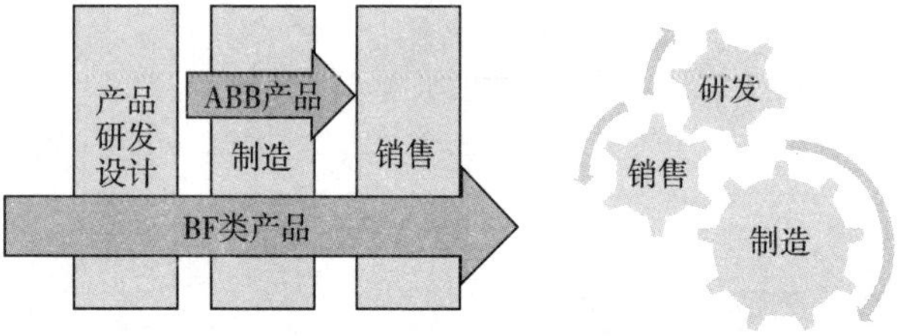

公司	经营模式
制造	OEM,专注于生产制造；除ABB和BF产品外，承接代加工业务、物流服务
销售	销售现BF类产品，并承接代理相类似产品的投标业务
研发	初期阶段承接制造公司的技改项目，未来可更多开展内外部客户的科研项目；成为集团科技项目孵化器

图2－16　组织架构4

【示例5】

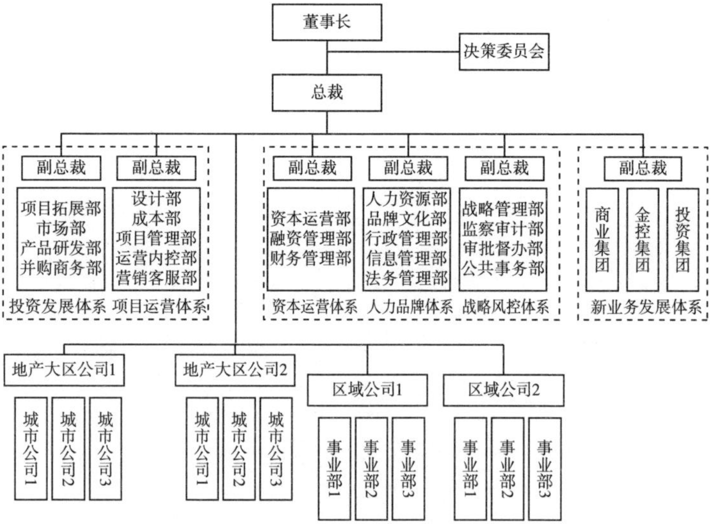

图2－17　组织架构图5

【示例 6】

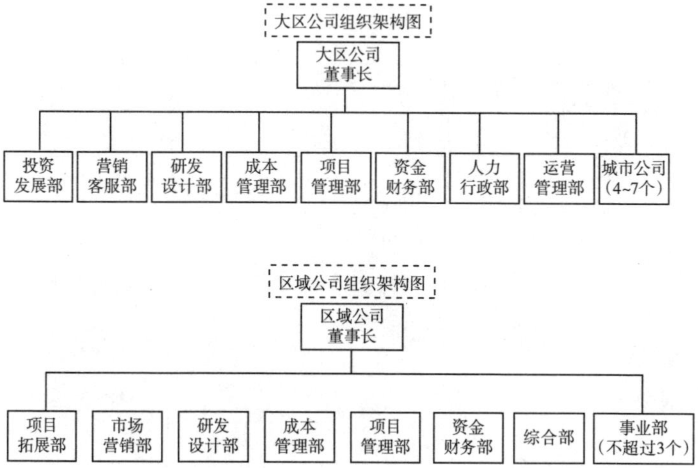

图 2－18 组织架构 6

【示例 7】

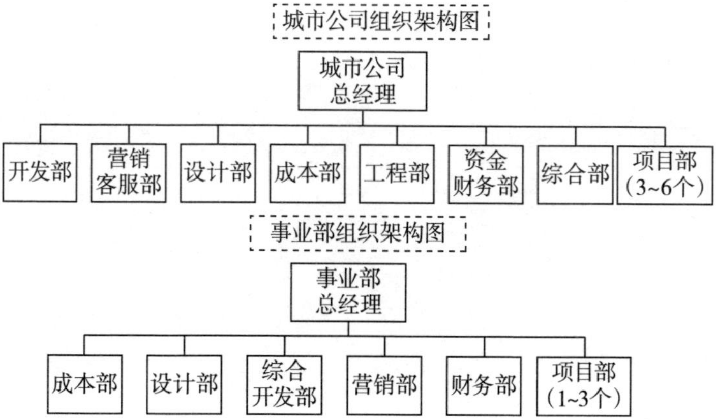

图 2－19 组织架构 7

【示例8】

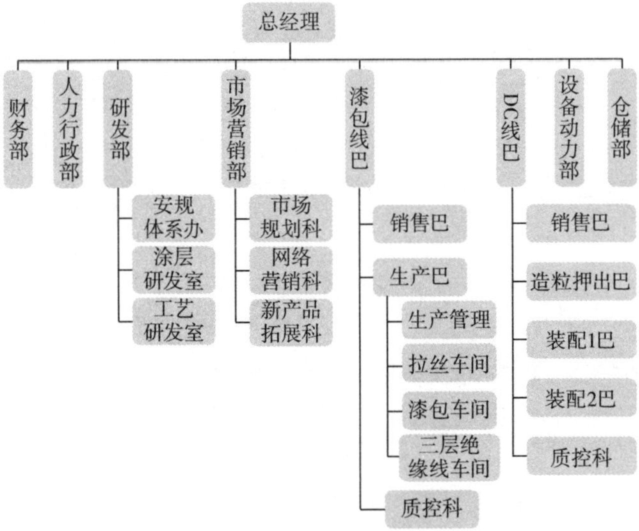

图2-20　组织架构8

成果4　公司新组织架构图

阿米巴经营会计
AMOEBA

第三章

阿米巴组织划分方法

阿米巴组织划分是阿米巴经营中最出彩之处。阿米巴经营对外有没有张力和前景，很大程度上取决于组织怎么重组和划分。

柏明顿的中国式阿米巴在外延上做了很多的延伸，不但秉持稻盛式阿米巴专注于内生和节流的特点，并且在通过战略规划和组织变革而给企业带来利润张力的基础上做了外拓和精进。要知道，“划小业务单位”、成为独立核算的阿米巴组织始终是阿米巴经营的魂灵，那么这个起点和入口自然是在组织划分上。

阿米巴组织划分的重要内容如图 3－1 所示。

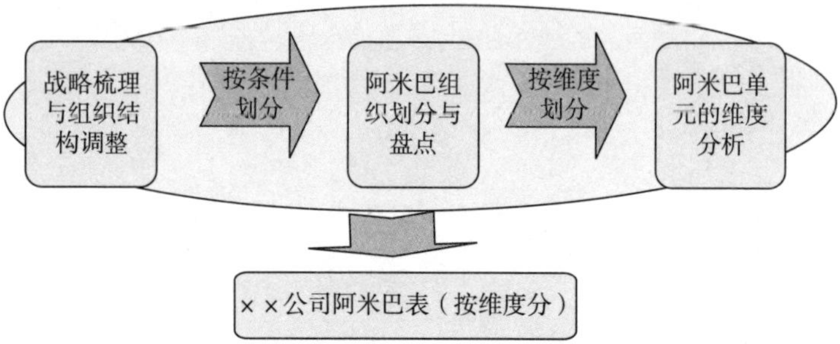

图3－1　阿米巴组织划分

本章目标

1. 理解：阿米巴划分的原则、思路。
2. 操作：按照划分条件预选单元划分。
3. 操作：按照维度划分阿米巴单元。
4. 掌握：阿米巴划分步骤。
5. 操作：基于价值链进行职能切分。

形成成果

1. 阿米巴组织单元预选表。
2. 阿米巴组织维度分类表。
3. 阿米巴组织职能表。

第一节　阿米巴组织划分原则

提示

本节内容属于阿米巴单元划分的原理部分，需要深刻理解，不要求做方案。

阿米巴组织划分目的。为让公司所属各职能部门、各利润中心实现运营效率、效益最大化，管理规范化，从而有效地提升公司经营水平与盈利能力，遵循阿米巴经营原则，将公司组织阿米巴化。

阿米巴组织划分原则。公司划分阿米巴本着工作细分、权责分明、保证效益提升的原则，以企业价值链为依据，根据集团确认的组织架构图划分阿米巴组织，并将各巴的管理权责、交易关系以及经营模式做出界定，以便于各巴管理者遵照执行。

阿米巴组织变更。当业务发生改变，可根据经营状况对阿米巴组织进行撤销、裂变与合并，并可相应调整管理权责、交易关系以及经营模式。

一、阿米巴组织划分的优势

阿米巴组织是在企业战略规划下，为达到经营目标和发展需要而进行的组织设计。将组织划分成既可以独立完成业务也可以进行独立核算的单元，将有利于公司对经营方向的把控。阿米巴组织划分的优势主要体现在如下几点（如图3－2所示）：

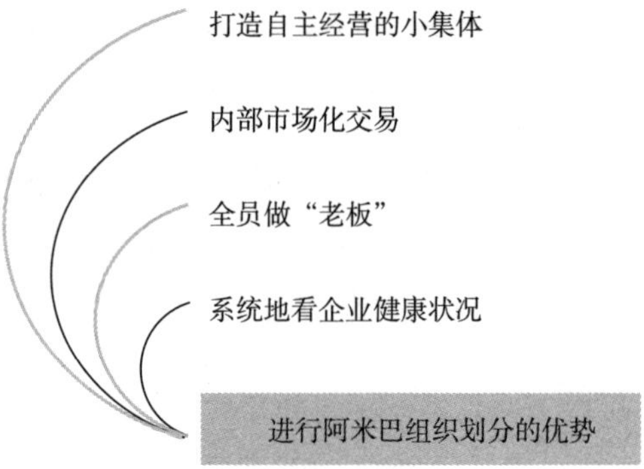

图3－2　阿米巴组织划分的优势

1. 打造自主经营的小集体

将企业组织划分成若干个自主经营的小集体，把大企业化小，同时具备规模和灵活性。

2. 内部市场化交易

内部交易，直接传递市场竞争压力，以“内部市场化”运作机制来促进企业外部竞争。

3. 全员做“老板”

促使员工从“被动执行”转变为“主动创造”的经营者，释放企业潜能，能够培养跟老板理念一致的经营人才。

4. 系统地看企业健康状况

以独立核算为基础，将经营的实际情况看清、看透，同时运用科学的组织业绩管理及业绩评价体系来衡量员工的贡献，并实现循环改善。

思考：为什么要进行阿米巴组织划分？

二、阿米巴划分的基本原则

传统企业的组织架构往往指挥链较长，响应慢、执行慢，按部就班、有条不紊。这种体制适应于计划经济，或垄断条件，或高度稳定的市场状态。然而，随着移动互联网时代的开启，客户的流动性、灵活性、个性化要求企业迅速响应变化无常的市场，传统的垂直职能管理架构已呈“老牛拉车”之态势，必须进行革新。一种由阿米巴单元组成的扁平化组织架构呼之欲出，时代在召唤组织形态的重塑。

1. 组织扁平化原则

阿米巴组织层级尽量不超过三层，否则需重新审视组织划分。

组织扁平化是指通过减少企业的管理层级、压缩职能部门，以便企业快速地将决策权延至企业生产、营销的最前线，从而为提高企业效率而建立起来的富有弹性的新型管理模式。组织扁平化摒弃了传统金字塔状企业管理模式的诸多难以解决的问题和矛盾，使组织变得灵活、敏捷，富有柔性、创造性。它强调系统、管理层次的简化，管理幅度的增加与分权。

2. 内部交易简单及核算简单原则

阿米巴组织的划分虽然越小越好，但是必须以交易简单、核算简单为前提。

在划分阿米巴单元时，需要考虑在阿米巴之间的内部交易、核算办法和核算体系设计上，力求简便易行、好学易懂，使阿米巴成员乐于接受、容易明确阿米巴的经济责任。

3. 体现“重要性”与“成效性”原则

阿米巴组织的划分最好能够有针对性地解决目前组织凸显的问题，以及预期在收入增加，成本、费用降低等方面短期内会有显著的成效。

在阿米巴组织划分过程中，还要充分考虑各阿米巴组织的责任、权力和利益，要能够清晰界定权利和义务、合理分配收益。只有这样，才能确保阿米巴经营模式在企业中顺畅运行。

思考：为什么移动互联网时代呼唤新的组织形态？

三、判定阿米巴划分正确的标准

“阿米巴就是将君主的权力关在笼子里，将员工的潜能释放出来!”这才是阿米巴魅力的核心和企业生机的原动力。阿米巴经营模式本身就是一个“大市场、小政府”的缩影。

阿米巴经营模式通过组织扁平化和精细化的授权机制，削弱了行政权力体系，充分赋予各阿米巴自主经营的权力；通过信息和数据的开放透明化，真正实现由下而上的可视化经营和实时纠偏、永续改善，让员工充分参与经营，企业的活力场因此而构建。我们判定阿米巴划分正确的标准，主要有以下三点（见表3－1）：

表3－1 判定阿米巴划分正确的三条原则

原则	说明
实现企业发展战略	以企业整体效益为前提
最大限度划小经营单元	可独立的核算单位；组织产出明确，具有独立完成某项业务的能力；充分考虑阿米巴组织的责任、权利和权益
合适的经营管理者	哲学（核心价值观、主人翁意识）、能力（经营能力、领导能力）

1. 实现企业发展战略

企业推行阿米巴经营模式的最主要目的是完成企业的经营目标，实现企业的飞速发展。因此，阿米巴组织划分的根本性原则，就是要有利于贯彻企业发展战略，实现企业的战略目标。如果阿米巴组织的划分导致企业的管理运营混乱或者各个阿米巴组织“明争暗斗”，企业最终沦为一盘散沙，难以完成战略目标，那么就要调整阿米巴组织的划分思路和方法。

2. 最大限度划小经营单元

阿米巴经营模式要求最大限度地划小经营单位，衡量出每个经营单位的“人均每小时收益”，努力追求“销售额最大化、成本费用最小化”的经营效果。

当然，最大限度划小经营单位原则并不是说阿米巴组织越小越好，而是要在能够独立核算与独立完成业务的基础上尽可能进行划分，而且要确保阿米巴组织以最低的成本取得最大的经济效益。

3. 合适的经营管理者

阿米巴管理者必须具备“追求全体员工物质和精神两方面幸福，并为社会做贡献”的明确信念。阿米巴的公平无私是调动员工积极性的最大动力。

阿米巴管理者还要具备经营能力和管理能力，只有这样，才能带领全体员工在工作中找到乐趣和价值，激励全体员工为了公司的发展而齐心协力，最终使“人人成为经营者”。

思考：如何判断阿米巴组织划分是否正确？

案例9

C 公司是一家高新技术企业，公司产品产销量居全球前列。该公司在移动互联网的冲击下，主动进行组织变革，导入阿米巴经营模式，全年销售额不断增加，客户关系得到进一步提升。在内部，该公司同步开展了组织架构的改革。

在导入阿米巴经营模式之前，C 公司的管理权力和资源高度集中在公司总部。同时，为了控制运营风险，公司自然而然地设置了许多流程控制点，而且不愿意授权，滋生了严重的官僚主义及教条主义，导致前线的销售团队只有不到三分之一的时间用来找目标、找机会以及将机会转化为结果，大量的时间用在频繁地与后方平台的往返沟通协调上。面对越来越大的市场，战线不断被拉长。一线部门必须拥有更多的决策权，才能在千变万化的市场中及时决策。

C 公司在导入阿米巴经营模式之后，围绕做厚客户界面，员工成立了由客户经理、解决方案专家、交付专家组成的工作小组，形成面向客户的阿米巴经营单元，其精髓是为了经营目标而打破功能壁垒，形成以项目为中心的团队运作模式。

C 公司的先进设备、优质资源应该配置在前线，以便发现目标和机会时就能及时发挥作用，提供有效的支持，而不是由拥有资源的人来指挥“战争”、拥兵自重。这为C公司组织变革和分权提供了一条思路，就是把决策权根据授权规则授给一线团队，后方仅起保障作用。相应的流程梳理和优化要倒过来做，就是以需求确定目的、以目的驱使保证。一切为前线阿米巴单元着想，共同努力控制有效流程点的设置，从而精简不必要的流程，精减不必要的人员，提高运行效率，为生存打好基础。

权力的重新分配促使公司组织结构、运作机制和流程发生彻底转变，每根链条都能快速灵活地运转，重要的交互节点得到了控制，自然也就不会出现臃肿的机构和官僚作风了。

第二节　阿米巴划分条件

提示

本节内容是阿米巴组织划分的关键。在公司新组织架构图上划分阿米巴单元是较难掌握的部分，需要对照提示和案例，反复推演，深刻理解。

一、阿米巴组织划分的条件

阿米巴成立是需要有条件的，并不是每一个部门、每一个班组、每一个科室都能够成立阿米巴，也不见得有这个必要。成立阿米巴有三个条件（见表3-2）：

第一，能独立核算，有清晰的收入和支出。如果不具有这种核算的能力，这个部门就暂时不必以阿米巴的方式来运作。

思考：你的公司是否具备划分阿米巴组织的条件？如果没有，应采取哪些补救措施？

第二，能够履行交易的完整职能。对自己的收入和支出具有一个完整的职能，也即具备买卖的职能，否则不可能成为阿米巴。如果我做的东西定价不在于我，卖给谁也不在于我，那么职能就不完整。向谁买、多少钱买，我不具备这个职能，就说明我不具有履行交易的能力。在这种情况下，也很难成立阿米巴。

第三，符合且能执行公司战略。成立阿米巴，不代表公司就不管你了，完全独立出去了，不对利润负责了。无论怎么成立阿米巴，你都是整个大组织里面的一个部分。所以当公司要调整新的政策的时候，阿米巴要有条件地进行配合，要符合公司的战略，并且能够执行公司的战略。

表3－2　阿米巴单元划分的条件

条件	释义
能独立核算， 有清晰的收入和支出	1. 收入来源明确 2. 能贯彻企业发展战略和经营方针 3. 明确产出，可独立完成业务，有业务能力
能够履行交易的完整职能	1. 产品（服务）销售 2. 产品的生产制造 3. 筹集生产资金 4. 引进合适的人才
符合且能执行公司战略	1. 符合公司战略 2. 能够执行公司的战略

二、划分阿米巴单元的操作

（一）操作思路

（1）对照企业新的组织架构图分析，公司哪些部门符合阿米巴单元划分的三个条件：

A. 能独立核算，有清晰的收入和支出。

B. 能够履行交易的完整的职能。

C. 符合且能执行公司战略。

（2）因为这只是初步识别盘点，没有进入筛选和确认阶段，所以尽可能让更多单元入围。

（二）案例介绍：××集团公司的阿米巴划分要点

（1）集团的第二级机构是按相对独立的职能划分阿米巴组织的。

（2）总部与阿米巴之间实行分权管理。阿米巴单元拥有较大的生产经营自主权，每个阿米巴都有自己的产品和市场，能够完成某种产品或服务的生产经营全过程。

（3）阿米巴单元都独立核算、自负盈亏，彼此之间的往来遵循等价交换的原则，结成商品货币关系。集团内部形成由三种责任中心构成的完整的管理体制：公司总部是投资中心，阿米巴是利润中心，阿米巴所属工厂、公司是成本中心。

（4）集团总部对阿米巴进行业绩考核，并建立有效的激励机制。

操作1

请在表 3 –3 的有底色栏进行操作。(下同)

表 3 –3 阿米巴单元划分

时间： ____________ **填报人：** ____________

阿米巴单元名称				

操作2

对应表 3 –3，把阿米巴单元在组织架构中的位置罗列出来。

成果5 阿米巴组织单元预选表

时间： ____________ **填报人：** ____________

阿米巴单元名称	在组织架构中的级别			

案例10

××公司是一家消费类电源全球供应商，也是柏明顿的客户。该公司2013年导入阿米巴，2015年成功在中国香港地区上市。

【现状分析】

柏明顿管理咨询公司的顾问团队深入调查后发现：

（1）该公司绩效管理制度严重脱离公司实际，因此，绩效管理制度基本上只是一个形式。

（2）总经理有多年海外工作经验，高层管理人员则在中国企业经历较多，做事方式已固化，彼此协调非常困难。

（3）经常拖延交货，以致德国大客户中止了部分产品的订单。销售人员说是因为生产慢，生产人员推说是采购原材料晚，采购人员说财务未付款，相互之间“踢皮球”。

（4）员工没有发挥出潜力去开发新产品、新工艺、新市场、新客户。

【柏明顿解决方案】

通过组织跨部门的讨论，柏林顿的顾问团队为该公司制定了如下方案：

1. 战略梳理。

梳理公司战略，运用SWTO分析判断开关电源等公司现有产品的市场发展与竞争状况。

研究同行标杆企业（国内、国外各选一家），进行差异分析，提出公司竞争策略。

2. 组织变革。

将原有“金字塔”式职能制架构转变成“扁平化”的事业部架构。

定位总部公共职能中心，强化各事业部经营考核指标（非管理指标），实行集团管控。

3. 阿米巴单元划分。

总部职能中心、各个事业部作为一级阿米巴。

总部职能中心分为人力资源、财务、物业开发、研究、运管、总办六个一级阿米巴。

事业部分为成品阿米巴（直接对外销售）五个、部件阿米巴五个，共十个一级阿米巴。

成品阿米巴内部按研发、销售、生产、经营支持、后勤服务裂变为五个二级阿米巴；生产按车间、工段裂变为若干个三级阿米巴；销售按客户或区域裂变为三级阿米巴。

部件阿米巴内部按生产、生产支持、后勤服务裂变为三个二级阿米巴；生产按车间、工段裂变为若干个三级阿米巴。

4. 阿米巴财务核算。

职能中心采用预算制，并加以考核和管控；

成品巴采用利润制；

部件巴采用成本制和利润制。

5. 公共费用分摊。

职能中心所有费用分摊到事业部。

6. 内部交易。

职能中心与各事业部交易；

成品巴相互交易；

成品巴与部件巴交易；

生产与销售交易；

车间各流水线交易。

7. 制度阿米巴运行规划。

成立阿米巴委员会，明确制度及各自分工，细化进度和目标；建立监督审核。

8. 确定巴长等核心人员。

9. 确定各巴的年度经营目标与费用预算。

10. 建立奖励机制。

11. 签订经营协议。

【实施效果】

引入和试行阿米巴之后，员工工作积极性提高了，互相扯皮推诿的现象减少了，各部门都抱着解决问题、改善绩效的态度工作，公司的生产效率稳步提升。

2010 年第一事业部试行，2009 年销售收入 0.89 亿元，2010 年达到 1.49 亿元，销售收入增长 167%，利润增长 208%；2011 年整个公司推行阿米巴，销售收入同比增长 226%，利润同比增长 352%。

第三节　阿米巴单元划分的总体思路

阿米巴单元划分的总体思路是总体规划、分步导入阿米巴经营模式，即整体规划、试运行和全面推进。

一、以现状为依据，尊重历史、客观分析

充分认识到公司目前的发展阶段和经营管理模式，认可公司发展过程中形成的工作方式和组织架构，不偏离公司的核心文化，结合公司的职能及人力资源因素，形成有利于阿米巴组织生根发芽的土壤。

二、以战略为方向，宏观考虑、全盘规划

公司未来的战略发展规划决定了公司的发展方向，在阿米巴单元划分时，坚持以战略为导向，以贯彻公司的发展目标为阿米巴组织的核心思想。公司的产品种类和公司的生产工序之间存在交叉错综的关系，不同产品类别之间的客户也存在重叠，这些因素势必会影响阿米巴单元的划分，在进行组织划分时，需从宏观的高度和不同的维度进行全盘考虑。

从公司的业务链战略安排、价值链流程和产业链的纵深布局等各方面全盘规划，并考虑到新产品的孵化和成熟后的

转移，以及后续阿米巴单元的增加、合并、撤销等延展性。

三、以发展为目标，强调效果、逐步实施

阿米巴单元以能贯彻公司战略目标，能独立进行业务运作和独立核算为标准。阿米巴单元强调经营，以提高单位时间附加值，培养有经营意识的人才为目标。阿米巴单元划分后，根据其在发展阶段的要求及阿米巴运行的标准和目标，分阶段、分步骤运行。

操作

从以下角度思考阿米巴单元划分思路：

1. 组织职能现状
2. 发展战略和产品战略
3. 业务分析
4. 价值链

第四节　阿米巴划分维度

提示

本节内容非常重要，请反复阅读，理解相关原理，对照公司实际进行演练操作。

阿米巴怎么分才更加合理？我们不能简单地在公司现有的组织架构上去划分阿米巴，因为现有的组织架构很有可能本来就不合理。

大部分中国企业的组织架构都是职能型的，按照职能来分。但是西方国家的很多企业，一般按照产品（品牌）、客户、地区以及价值链等维度进行划分，根据总部与阿米巴单元的价值定位，确立相应职责和权利。例如，宝洁公司按产品类别划分；麦当劳公司按区域成立；一些银行则按客户类型来划分。

划分阿米巴的维度是灵活多变的。根据企业本身的特点，可以进行阿米巴组织不同维度的划分。阿米巴单元划分的维度有多种，不存在哪一种最好，应根据不同企业的情况具体分析。即使是同一家企业，在不同的时段也有不同倾向。我们提出了阿米巴组织划分的五个维度（如图3-3所示），有利于企业家们解决只按照行政架构划分的困惑。

一、阿米巴划分的五个维度

阿米巴既具有相对的经营独立性，又有经营管理的弹性，总部可以根据发展需要，赋予阿米巴单元相应的职权。通过建立完善的授权体系，阿米巴可以在一定职权范围内形成专业化的运营组织，根据市场需要进行独立、快速决策，减少协调和沟通的时间和成本，建立竞争优势。同时阿米巴也是产品责任单位或市场责任单位，对产品设计、生产制造及销售活动负有统一领导的职能。

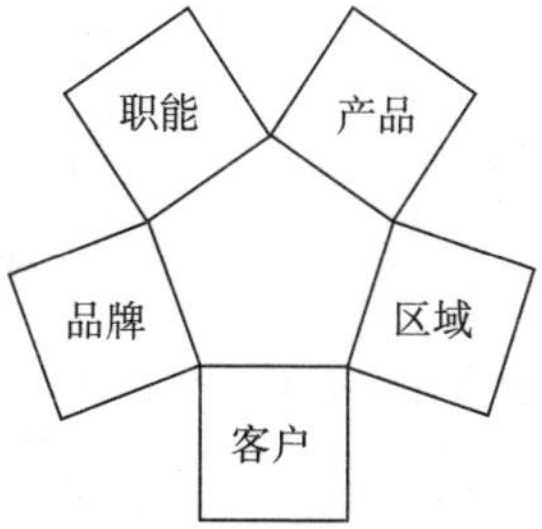

图3-3　划分阿米巴的维度

从战略规划角度来看，如果公司业务链安排界定了核心业务、增长业务和种子业务，形成了业务单元组合，那这些都是从产品维度设计的。

在产业价值链中，由于公司存在产销协调的瓶颈，需要对生产、销售进行专业化分工以协作和制衡；从聚焦盈利贡献来讲，也需要销售开源和生产成本控制、效率提升双管齐下，适合形成相对独立的生产巴和销售巴。

从产品维度来讲，如果不同产品生产工艺相对独立，自动化程度和手工作业的管控模式相差很大，客户应用群的分布也不同，则适合分别形成独立的产品事业部。

【示例 1】美的公司按照产品类别建立了事业部，明确界定总部和事业部的职权，充分放权给事业部，使业务单元的经营活力得到了完全释放，成效显著，销售额不断获得突破。

【示例 2】按客户划分阿米巴的企业也有很多，银行和金融咨询服务类行业普遍选择这种阿米巴组织划分方式。他们将客户划分为公司客户、个人客户、机构客户，不同的客户可能消费相同的产品/服务。由于不同的银行提供的产品基本相同，只有更加贴近客户，了解客户的需求和偏好，才能抓住商机。某商业银行根据业务类型或客户类型分类，如分为公司金融事业部、机构金融事业部、零售金融事业部等，可以说一项业务本身就可以变成一个业务事业部，上述业务的分类主要根据对公或对私的不同客户类型来进行。

【示例 3】如果企业经营地域范围覆盖较广，那么也可考虑构建服务于各地域客户的区域型阿米巴。例如，对于全国销售的饮料企业，可以在各省会城市组建区域型阿米巴，从而管理一个省或一个大区的研发、生产、销售业务。按照区域划分阿米巴，就要保证区域内具有足够的市场空间和消费潜力。例如，某商业银行根据地域或管辖范围划分为华东区事业部、北美洲事业部、亚太区域事业部等，可以说一套区域辖属管理就可以组成一个事业部。

【示例4】在企业的价值链中，有些业务流程是特别重要的，决定着使企业具有独特性或竞争力的因素，被称为“主要业务流程”，如市场营销、生产业务、售后服务等。其他业务流程是对经营提供基本支持所需要的，它们使经营运作起来，被称为“支持业务流程”，如人力资源管理、企业培训等。这样的企业可以按照职能来划分阿米巴。

思考：你的公司按照哪几种维度划分阿米巴？

二、操作：按维度划分阿米巴

（一）按职能维度划分阿米巴

按职能维度划分阿米巴，主要是运用产业价值链分析找准公司战略定位，形成阿米巴内部价值链。每个价值链条都可以成立一个阿米巴组织。我们以沈阳某食品股份有限公司为例，说明如何按照职能维度来划分阿米巴，如图 3 – 4 所示。

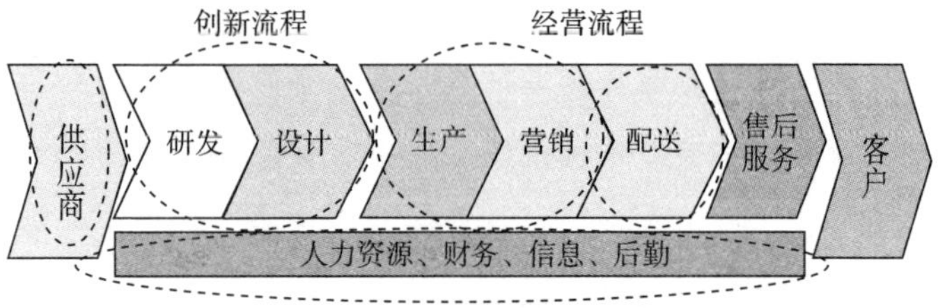

图 3－4　某公司整体价值链

1. 采购部

采购部可划分为成本型阿米巴单元。

目前该职能未能完全独立，需依托公司高层管理才能开展完整工作，不适合现在划分阿米巴单元。

2. 研发与设计

研发和设计可划分成利润型阿米巴或预算型阿米巴。

目前该部职能未能完全独立，需依托公司高层管理才能开展完整工作，不适合现在划分阿米巴单元。

3. 生产与营销

生产和营销部门完全可以划分成独立的阿米巴组织。

目前因生产较为分散，故先选定一个厂进行前期阿米巴运行，比较适合公司的现状。

4. 配送

支持公司营销的物流配送可独立划分成利润型阿米巴单元。

目前因组织和职能正在整合发展中，该部暂在营销体系下开展工作，可作为第二批成为阿米巴单元的对象。

5. 人力资源、财务、信息、后勤

人力资源、财务、信息、后勤等职能部门能完全独立开展工作，可成立预算型或利润型阿米巴组织。

目前还未有相应的管理规划及预算模式相匹配，故暂不宜设为阿米巴组织。

思考：公司按照职能维度划分阿米巴的单元有哪些？

（二）按产品维度划分阿米巴

按照产品或产品系列组织业务活动，在经营多种产品的大型企业中日益重要。按产品维度划分阿米巴，主要是以企业所生产的产品为基础，将生产与某一产品有关的活动完全置于同一产品部门内，再在产品部门内细分职能部门，进行生产。这种架构形态，在设计中往往能将一些共用的职能集中，由上级委派以辅导各产品部门，做到资源共享，如图 3－5 所示。

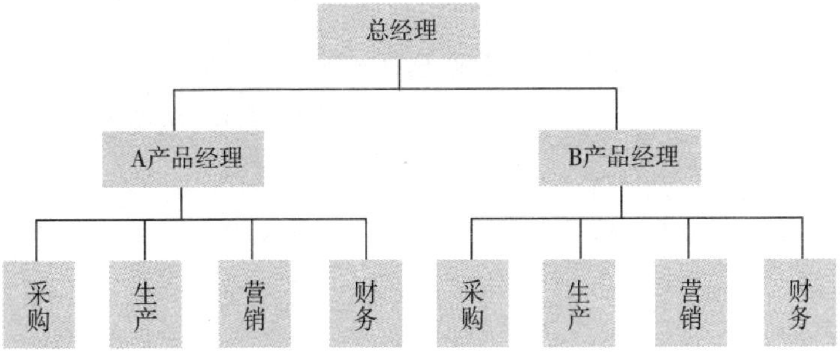

图 3－5　产品型阿米巴的架构

1. 产品型阿米巴的优点

（1）有利于采用专业化设备，并能使个人的技术和专业化知识得到最大限度的发挥。

（2）每一个产品阿米巴都是一个利润中心，巴长承担利润责任，这有利于总经理评价各阿米巴的政绩。

（3）在同一产品阿米巴内有关的职能活动协调比较容易，较之完全采用职能部门管理来得更有弹性。

（4）容易适应企业的扩展与业务多元化要求。技术跟业务捆绑，易优化产品，提高利润。

2. 产品型阿米巴的缺点

（1）需要更多的具有全面管理才能的人才，而这类人才往往不易得到。

（2）每一个产品阿米巴都有一定的独立权力，高层管理人员有时会难以控制；若产品阿米巴数量较大，则难以协调。

（3）对总部的各职能部门，如人事、财务等，产品阿米巴往往不会善加利用，以致总部一些服务不能获得充分的利用。

某商业银行根据盈利产品类型分类，如分为网上银行事业部、手机银行事业部、微信银行事业部等，可以说一个产品部门就可以形成一个产品事业部。

也有很多知名企业按照细分市场进行划分，把品牌作为阿米巴划分的依据。按品牌划分阿米巴，使企业把更多的精力放在品牌建设上，让旗下各品牌发挥出最大价值，只有强有力的品牌支撑才可能有高品牌溢价。

3. 操作演练

（1）按产品维度划分阿米巴，本质上是一种业务划分，需依据公司的业务战略，按照确定的维度对产品经营领域进行分类，并明确每个产品阿米巴的业务领域。

（2）一般可按照产品特征、技术特征、平台、目标市场等不同的维度进行划分，通常以产品特征为主或结合多个维度。

（3）产品线划分需要将可管理性和业务发展有机结合。

（4）各产品阿米巴的规模应该相对平衡。

（5）产品阿米巴划分是动态的，会随着公司战略和经营模式的改变而改变。

思考：公司可划为产品阿米巴的单元有哪些？

（三）按品牌维度划分阿米巴

按照品牌维度划分阿米巴，即原来的组织架构将被品牌导向的产品线所替代，这样资源分配将会更加具有弹性，决策也会更果断。不同的产品线将围绕自己旗下品牌的特色来进行新的尝试，实现品牌价值最大化。从定位上来讲，将实现几个产品在一个平台上进行统一的规划，包括产品和品牌。

中国重汽集团是柏明顿阿米巴咨询客户。为应对汽车行业激烈的竞争，中国重汽启动多个品牌战略，现有产品将全部囊括在汕德卡品牌、豪沃品牌、斯太尔品牌、豪瀚品牌四大品牌之下。一个品牌对应一个LOGO，一对一，紧密关联。目前，已建立起了以中国重汽（CNHTC）为主品牌，汕德卡（SITRAK）品牌、豪沃（HOWO）品牌、斯太尔（STR）品牌、豪瀚（HOHAN）品牌为四大子品牌的战略格局，开发并拥有各类车型2700个，形成了国内最完善的卡车整车产品系列型谱。公司累计申报专利1090项，其中授权专利940项，专利数量继续保持全国汽车行业第一的地位。另外，还为国家制定重卡行业标准24项，其中国家“863计划”项目2项。中国重汽集团在激烈的市场竞争中，具备了技术创新、新产品开发、质量提升、生产布局、营销网络及资金优势，提升了企业整体素质，树立了全新的企业形象，积聚了发展的后劲，增强了参与市场竞争的综合实力。

（四）按区域维度划分阿米巴

中国企业形态的变革，主要涉及业务范围和区域两个维度。对于在地理上分散的企业集团来说，随着不断深入新的业务领域，或者相关多元化发展，或者在原有的业务领域内进入新的细分市场，业务范围不断扩大，形成了多种业务并存的集团结构；同时，业务涉及区域也在不断扩展，地区性、全国性乃至全球性的跨国公司涌现。业务的多元性和区域的扩散性给公司管理带来了极大挑战，总部完全的操作管理显然无法满足企业发展的要求，按照业务或者地区划分阿米巴为企业提供了一种变革的选择。

按区域划分阿米巴，其方法是把某个地区或区域内的业务工作集中起来，委派一位巴长来主管。按地区划分阿米巴，特别适用于规模大的公司，尤其是跨区域、跨领域的大型企业。这种组织架构形态往往设有中央服务部门，如采购、人事、财务、广告等，这些部门向各区域阿米巴提供专业性的服务。如图 3 –6 所示：

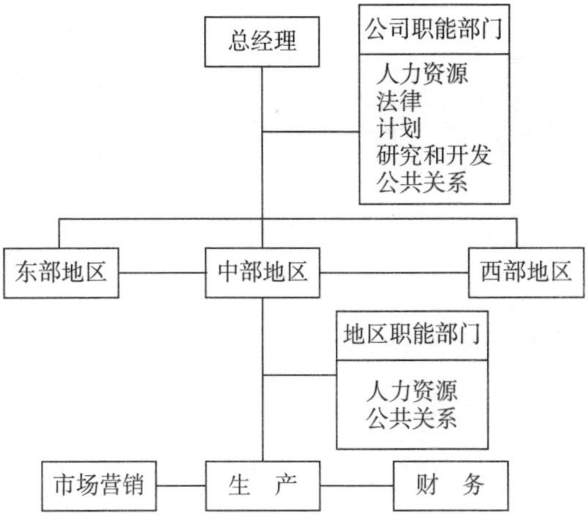

图 3 –6　区域型阿米巴的组织架构

按区域维度划分阿米巴组织，不是指划分销售市场，而是根据地区的客户差异，重新组织研发、生产、物流和销售。这既有利于及时供货和降低运输成本，也有利于捕捉当地客户需求。

我们继续以沈阳某食品股份有限公司为例。图 3－7 为该公司按照区域划分阿米巴，通过这幅结构图，可以了解按照区域划分阿米巴的特点。

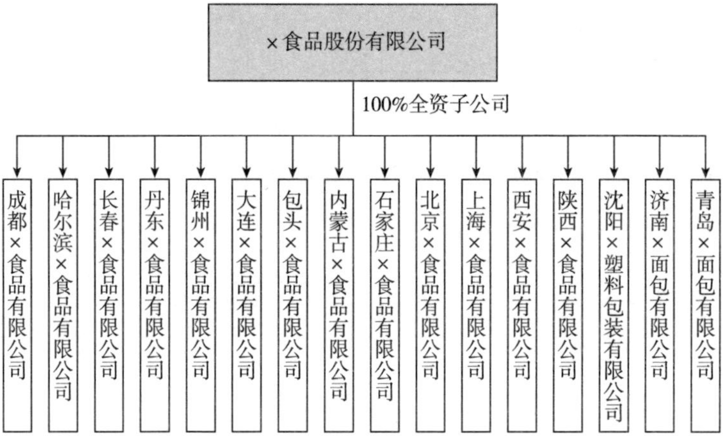

图 3－7　按照区域维度划分阿米巴

1. 按区域划分阿米巴的优点

（1）责任到区域，每一个区域都是一个利润中心，每一个区域阿米巴的巴长都要负责该地区的业务盈亏。

（2）放权到区域，每一个区域都有其特殊的市场需求与问题，总部放手让区域阿米巴员工去处理，会比较妥善、实际。

（3）有利于地区内部协调。

（4）员工对区域内顾客比较了解，有利于服务与沟通。

（5）每一个区域阿米巴的巴长，都要担负一切管理职能的活动，这对培养通才管理人员大有好处。

2. 按区域划分阿米巴的缺点

（1）随着地区的增加，需要更多具有全面管理能力的人员，而这类人员往往不易得到。

（2）每一个区域阿米巴都是一个相对独立的单位，加上时间、空间上的限制，往往是“天高皇帝远”，总部难以控制。

（3）由于企业总部与各区域阿米巴天各一方，难以维持集中的经济服务工作。

3. 操作演练

（1）明确公司业务涉及的范围，是地区性、全国性还是全球性。

（2）把某个地区或区域内的业务工作集中起来，委派一位巴长来主管。

（3）根据地区的客户差异，重新组织研发、生产、物流和销售。

思考：公司按照区域维度划分阿米巴的单元有哪些？

（五）按客户维度划分阿米巴

1. 原理

以客户为维度划分的阿米巴单元，通常与销售部门和销售工作相关。在这些以客户为导向的阿米巴组织中，一般由阿米巴巴长负责联系主要客户。

对于阿米巴单元划分，很多企业难以分清何时按客户划分，何时按产品划分。企业要确定哪些客户是最有价值的客户，并决定通过什么方式与客户一起达到价值的最大化。因此，企业在设立阿米巴组织的时候就应该以客户为维度进行流程的设计和安排。

客户阿米巴能够为客户提供量身定制的产品和服务。针对不同类别的客户群进行阿米巴划分，有利于从客户需求出发进行产品和服务的组织，对不同类别的客户有不同的产品或服务政策，能较好地满足市场需求，适用于客户类别非常重要的行业，如银行将业务细分为私人客户和企业类客户。

案例11

沈阳某食品股份有限公司是一家集面包、月饼、粽子等烘焙类食品生产、销售为一体的全国知名企业，年产值近20亿元。公司共拥有16家全资子公司，在全国已拥有12家专业现代化的生产基地，在东北、华北、华东、西南、西北等12个中心城市及周边地区建立起4万多个零售终端。其中包括许多大型商超等。

1. 关键管理现状和问题

该公司准备上市，对外需要进行扩张，后备人才严重不足，甚至找不出一个可以随时调用的厂长人选和子公司的负责人。

组织扁平化但职能发挥不够。一些中高层管理人员身兼多重职能（总部的职能和子公司的职能，甚至总监做经理的事，经理做主管的事）；一些部门的职能不健全。例如，研发部门和采购部门，研发思路和采购策略完全掌握在老板的手中，部门负责人无法发挥部门的功效和职能。

授权体系没有建立。在对子公司和母公司的管控上，没有明确的思路和方向，完全依靠在位人的能力和职位的高低来确定经营子公司的职权，导致某些子公司的负责人权力过大而出现失控状态。

2. 导入阿米巴之后的组织划分

该公司导入阿米巴经营模式之后，柏明顿顾问团队根据该公司的组织特点，按行政职能的维度划分阿米巴组织，并遵循“全盘规划、逐步实施”的原则，将已经具备阿米巴组织特征的部门成立阿米巴组织，对不具备阿米巴组织要求的先进行规划。

（1）公司可以成巴的组织有：销售系统和生产系统。

（2）不具备成巴条件的组织有：人力资源部、财务部、研发部、采购部、物流部等。

（3）根据可成巴的组织层次和人力资源特征，共划分出68个阿米巴组织。

（4）共划分21个销售巴（利润型），以行政职能、客户、区域等进行划分，一级巴1个、二级巴3个、三级巴17个。

（5）共划分47个生产巴（成本型），一级巴3个、二级巴5个、三级巴39个。

其中，按照客户维度划分阿米巴，主要有如下方法（如图3-8所示）：

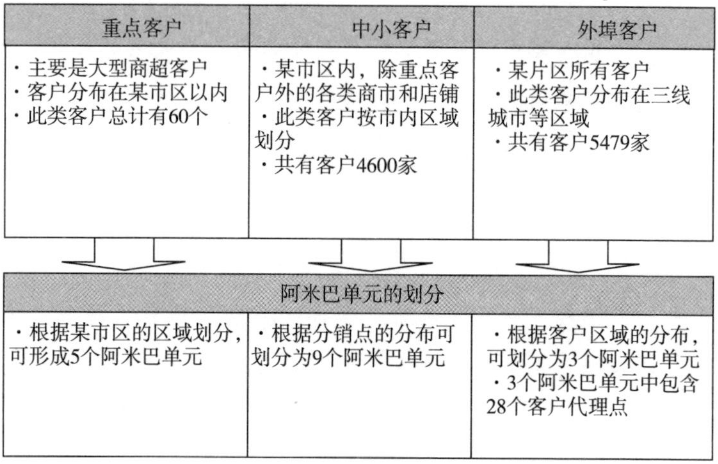

图3-8　按照客户维度划分阿米巴

2. 操作演练

（1）按照行业和客户重要程度进行客户划分。例如，保险公司可按照公务员、教育工作者、企业白领等进行客户的划分和服务体系的打造，从而构建各自面向专项客户的阿米巴。

（2）可按照客户的重要程度、收入水平等进行阿米巴的划分。例如，银行可将客户分为超级大客户、大客户、中级客户、小客户等，从而构建针对性的阿米巴。

思考：公司按照客户维度划分阿米巴的单元有哪些？

三、汇总公司不同维度的阿米巴

企业在划分阿米巴的过程中，管理者需要知道阿米巴组织划分的两个着眼点：一是战略思考，二是组织变革。企业总部在把基本运营权力下放给阿米巴的同时，可以专注于公司战略制定、投融资管理、商业模式研究等高端职能，以提升集团整体运营能力和水平。

操作

将阿米巴单元进行维度划分并汇总至阿米巴组织维度分类表。

成果6 阿米巴组织维度分类表

时间： ________________ **填报人：** ________________

阿米巴单元名称	级　别	维度分类		

第五节　阿米巴划分步骤

阿米巴组织划分步骤，主要按阿米巴组织划分组合维度来进行。

第一步：规划集团一级阿米巴。按照综合职能、区域、产品、价值链划分出一级阿米巴。

以柏明顿的咨询客户某地产公司为例，该公司集团层面按照综合职能和价值链，将集团职能划分为 13 个专业职能一级巴，按照区域维度划分 1 个城市一级巴，按照业务划分若干个地产项目一级巴，如物业管理一级巴、园林景观一级巴

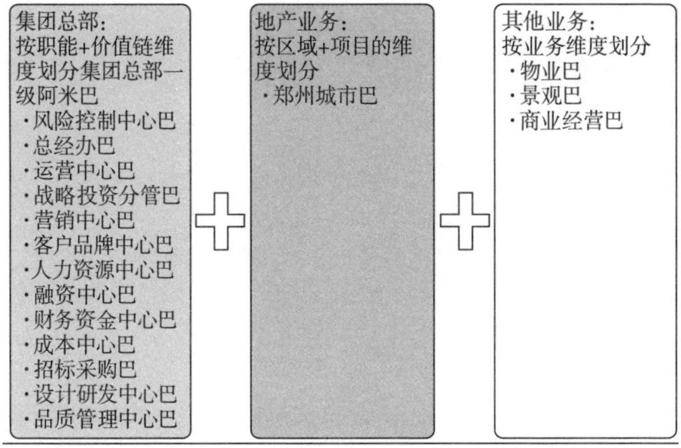

图 3-9　某地产公司集团总部各级阿米巴

等（如图3－9所示）。

第二步：根据业务划分各级阿米巴。按职能维度划分总部一级巴下属二级巴。例如，在运营中心巴划分：经营管理部巴、计划运营部巴、流程信息部巴；在营销中心巴划分：销售管理部巴、策划管理部巴、渠道管理部巴；财务中心巴划分：财务管理部巴、资金管理部巴；成本管理中心巴划分：成本合约部巴、工程造价部巴；设计研发中心巴划分：设计管理部巴、产品研发部巴、设计部巴等。

操 作

按照阿米巴划分组合维度，分步骤划分一级巴和二级巴。

第六节　阿米巴划分之职能切分

组织规划模块，主要解决架构、流程权责、岗位体系和关键职责的问题。

战略向下传递，组织架构承接，组织架构表明跨层级组织机构的运作关系，重心在于清晰阐释集团与下属单位的管控关系。想要发育新业务，可以独立设置阿米巴，不同的业务板块，要分设不同的组织来承担责任。

阿里巴巴的组织架构一直在随着战略调整。2006 年成立 B 端、C 端事业部，2011 年将淘宝分为 3 大事业部，2012 年成立七大事业部，2013 年细分 25 个事业部，2015 年推行“大中台、小前台”变革，2020 年继续“拆中台”。每一次组织架构的变化，都是为了配合战略更好地落地。

除了关注组织架构外，还要关注职能切分。阿米巴组织的职能切分，主要基于横向的价值链，遵循了分工和专业化的原则，划分集团职能和部门职能。同时，将各项职能具体化，使之能够执行和落实。

卓越的企业，其职能切分清晰，职能部门由 IT、采购、财务、人事等组成，各部门的团队搭建都较为完善。结构和层级明确，每个职能部门都设置相应规模大小的团队。

某房地产公司是柏明顿的咨询客户，该公司控股集团、地产集团单元、区域/城市公司、事业部/项目的职能划分，重点内容如下：

1. 控股集团：逐步过渡到投资型管控，过渡期负责区域公司关键业务审批及资源协调和统筹。

2. 大区公司对城市公司：关键业务管控型。

3. 区域公司对事业部：管控型。

4. 城市公司：管控＋业务实现。

5. 事业部：业务实现型。

【示例】 集团职能与部门职能切分（见表3－4）

表3－4　集团职能与部门职能切分

职能	集团职能	部门职能
项目拓展	投资趋势分析研究、投资决策审批	履行项目获取职能
项目定位	项目定位报告备案、概念方案备案	市场调研、项目定位、项目概念方案执行及授权之内职能
产品研发	产品系成果审批	产品标准化、产品研发
采购	建立供方库及战略采购、资源战略采购	使用战略采购、供方库等，在供方库内，由大区确定
成本	建立目标成本体系标准	标准化建设；价格信息库建设、目标成本管控等
运营	建立制度、流程、权责体系	内控体系、组织授权、经营计划目标、项目计划监控等

续表

职能	集团职能	部门职能
营销	年度销售计划备案、营销策略和价格备案	销售体系、价格策略制定审批、销售计划等
融资	投融资结构体系建立、搭建投融资平台	制定融资实施方案并推进；负责融资立项、融资协议审批；负责开发贷审批等
财务	财务预算及资金计划	授权内职能
人力	人力战略、组织管控、薪酬策略；核心班子成员	授权内职能
品牌文化	品牌文化战略规划、品牌文化体系建立、品牌文化执行监控	品牌文化执行
战略	集团战略制定及推进	战略制定并报批集团战略执行
信息	信息系统建设、业务规划统筹	执行与业务对接

成果7 阿米巴组织职能表

序号	阿米巴组织名称	阿米巴核心职能描述
1	集团总部巴	（1）制定控股集团各业务发展战略及经营目标，提供相应资源支持，监督目标达成 （2）完善控股集团在组织机制、信息、风控系统等方面的基础体系建设，保障组织有效运行 （3）对业务进行全面的管控和后台支持，对各业务单元进行战略风控、资本运营、人力、行政、品牌等方面的管控和后台支持 （4）拓展与集团总部职能相关的外部收入来源 （5）为业务单元拓展提供业务孵化基础 （6）建立并维护集团标准化运营管理体系，夯实管理基础 （7）深化企业文化建设，宣贯经营理念，提高团队合力

续表

序号	阿米巴组织名称	阿米巴核心职能描述
2	投资发展分管巴	(1) 根据集团战略目标分解投资发展、营销客服分管业务的经营目标和计划，监督业务进展，完成集团下达的经营目标 (2) 负责分管业务与相关业务条线、区域的工作协调和统筹，根据需要合理分配公司资源
3	项目运营巴	(1) 根据集团战略目标分解产品研发、项目管理、运营内控分管业务的经营目标和计划，监督业务进展，完成集团下达的经营目标 (2) 负责分管业务与相关业务条线、区域的工作协调和统筹，根据需要合理分配公司资源
4	产品研发中心巴	(1) 制定设计供方入选标准及建立评价体系 (2) 制定、完善设计标准合同及付款方式规范，并监督使用情况 (3) 完善公司产品设计标准 (4) 制定设计计划管理、设计工程品质管理、成本控制管理、设计变更管理、研发体系会议管理、设计信息管理等标准 (5) 审核概念方案、强排方案 (6) 组织规划方案评审
5	战略采购部巴	(1) 负责供方标准界定、数据库建立及入库信息审批 (2) 负责建立集团招标采购制度、工作模板及成果标准，并落实战略采购和集中采购事项
6	资本运营分管巴	(1) 根据集团战略目标分解融资、财务、法务分管业务的经营目标和计划，监督业务进展，完成集团下达的经营目标 (2) 负责分管业务与相关业务条线、区域的工作协调和统筹，根据需要合理分配公司资源

续表

序号	阿米巴组织名称	阿米巴核心职能描述
7	财务管理中心巴	(1) 建立健全公司财务管理体系、财务制度与流程，并监督实施 (2) 负责跟踪、分析国家与地方税收法规、政策的变化，并对照集团业务模式进行研究，制定符合规范的核算模式 (3) 负责制定和持续完善集团各项涉税统计报表模板，并予以推行 (4) 负责制定税务战略方案，进行集团整体税务筹划，组织制定区域公司实施税务筹划方案，并跟踪完善 (5) 负责审核和监督集团各经营主体涉税费用预算及纳税计划的执行，指导、监控各种税金的缴纳及各类税务事宜的办理 (6) 组织建立集团全面预算管理制度（含预算科目、预算标准、预算编制原则与流程、预算调整原则及流程），并予以推行 (7) 负责综合各中心/部门、各子公司财务预算，统筹编制集团年度、季度与月度资金预算，并监督集团各级预算的执行情况 (8) 定期编制集团财务分析报告，对集团预算目标、资金安排及筹措情况等进行动态分析和跟踪 (9) 组织制定和修订集团各项会计制度和核算规范，制定会计科目设置标准，并规范集团内部核算制度 (10) 负责依据国家会计准则制定各类对内对外报表的编制制度与规范，制定和细化报表模板，并予以推行 (11) 掌握资金运作情况，分析各项目资金运作现状、资金计划和资金实际收支情况并及时反馈资金信息，保证资金供应，做好资金统筹调拨，提出加快资金周转速度的建议 (12) 负责建立完善资金管理制度和资金使用审批流程，对资金使用建立制度规范和标准 (13) 负责对各地子公司的收支进行实时跟踪监督与控制 (14) 负责对集团的固定资产的使用、增减、转移、报废等一切变动情况进行监督和检查

续表

序号	阿米巴组织名称	阿米巴核心职能描述
8	人力资源中心巴	(1) 编制、维护集团人力资源管理制度（薪酬、激励、招聘、培训、考勤、请假、休假、转正、晋升、离职等）及对应流程、表单并监督执行 (2) 制定集团人力资源规划并组织实施 (3) 编制、维护集团组织管理手册并统一发布 (4) 总部所有人员/事业部副总级及以上/区域部门负责人及以上或关键岗位人员面试、录用、转正、辞退、竞聘、离职审批 (5) 培训、指导并组织实施集团绩效考核工作，统筹各级绩效考核的模式、流程、数据收集与分析、报告编制等，形成绩效考核结论 (6) 调解和处理集团总部及各区域公司员工上报至集团的劳资方面的申诉与纠纷，组织完成总部员工劳动合同签订/管理等工作，解决合同执行过程中出现的劳动争议/纠纷和诉讼等 (7) 进行培训需求的调研分析，制定年度人员培训计划并监督实施
9	××区域本部巴	(1) 负责本区域除项目建造以外的综合运营、项目管理、市场营销模块各职能的落实 (2) 完成集团下达的经营目标，监督下辖事业部在成本、工期、质量等方面的管理 (3) 根据区域年度计划，编制各模块年度和月度工作计划，并负责计划的执行和控制 (4) 各职能模块对应集团各条线，根据集团要求及本区域实际情况修订并完善各专业模块的管理制度、管理流程、工作模板和成果标准等

操 作

基于价值链进行公司职能切分。

第四章

阿米巴组织的核算形态与运作

要做好阿米巴经营，必须先对这些阿米巴组织进行定位，梳理管控和运作要点。这也是各个阿米巴负责人对本阿米巴单元的顶层设计。通过明确阿米巴组织核算形态，帮助企业打开思路。阿米巴组织的核算形态与运作内容如图 4 – 1 所示。

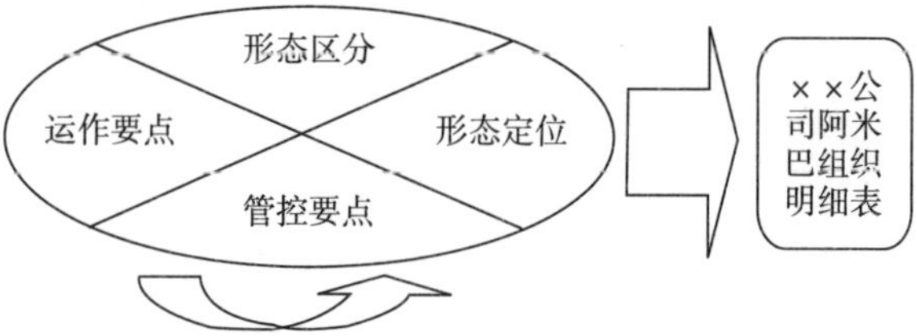

图 4－1　阿米巴组织的核算形态与运作

本章目标

1. 理解：阿米巴核算形态及其意义。
2. 操作：确认阿米巴的不同核算形态。
3. 操作：分析不同核算形态阿米巴的管控要点。
4. 操作：分析不同核算形态阿米巴的运作要点。
5. 操作：各巴权责与经营模式界定。

形成成果

1. 阿米巴核算形态表。
2. 阿米巴组织管控与运作。
3. 阿米巴单元划分的层级及形态（经营模式）。

第一节　阿米巴组织的核算形态

提示

本节内容非常重要，需要站在经营的高度看待阿米巴，要求深刻理解原理，并按照操作指引做出方案，必要时可召开内部会议进行讨论。

一、阿米巴组织的四种核算形态

阿米巴单元有四种核算形态，即资本型、利润型、成本型和预算型。

阿米巴单元划分适用于企业的任何一个部门、单位，根据四种形态可以更好地明确各阿米巴的性质。一个大阿米巴可以包含不同形态的多个小阿米巴，具体根据工作性质划分。不要误认为一家公司或一个阿米巴一定是一种统一的形态。

阿米巴的四种核算形态，如表 4 - 1 所示：

表 4－1　阿米巴的四种核算形态

形态名称	名称释义	关键指标	适用范围	异同比较
预算型	以控制经营费用为主的阿米巴组织	预算与质量	多出现于支撑部门	既可控制成本，也可提供最佳服务质量
成本型	对成本和费用承担控制、考核责任的中心	成本降低	只要有成本费用的地方都可以成立成本型阿米巴	降低成本不影响质量，对成本具有可控性
利润型	既对成本负责，又对收入利润负责的阿米巴组织	利润增长	多出现于营销部门，也可用于能构成完整交易的生产及管理部门	既对收入负责，也对成本费用负责
资本型	既对成本、收入和利润负责，又对投资效果负责	投资回报率	子公司、分公司	既对收入负责，也对成本费用负责，还对资产负责；最高形态阿米巴

二、阿米巴四种核算形态之间的关系

1. 相互之间的区别

利润型的阿米巴具有对外的张力；成本型的阿米巴不大可能具有对外的张力。比如说，公司规定今年的费用是1000万元，那么作为成本型的阿米巴，因为它参照的标准是成本，所以不大可能具有对外的张力。

预算型的阿米巴，企业并不要求也并不希望该阿米巴过多地去降低既定的预算金额。因为如果预算金额降低了，就很有可能造成服务质量的下降。比如培训费用，如果公司预算是300万元/年，那么减少预算是很容易的，如少讲几节课就可以了。但是如果公司培训部门规定，300万元一定要听300场，你不能少，那可不可以降低呢？降低成本不能以牺牲质量为前提。而成本型阿米巴是期望降低成本，同时又不以牺牲质量为前提的。

资本型和利润型阿米巴的区别在于：一个是追求投资回报，另一个是追求单位利润。所谓的利润，是建立在利润率的基础上的，而利润率又和公司资金的回收周期有关系。

思考：四种核算形态的区别在哪里？

2. 相互之间的转化

从阿米巴的四种核算形态来看，它们是可以不断地发生变化的。阿米巴核算的四种形态，既有区别，也有关联，同时它们又可以很灵活地相互转化。

（1）预算型阿米巴转化为成本型和利润型的阿米巴。

一家公司的人力资源部可能在这个时段里面属于预算型的阿米巴，在另一个时段里面又属于成本型阿米巴或利润型阿米巴。所有职能部门的管理职能都可以分为两个部分：第一个是服务职能，第二个是管控职能（如图4－2所示）。

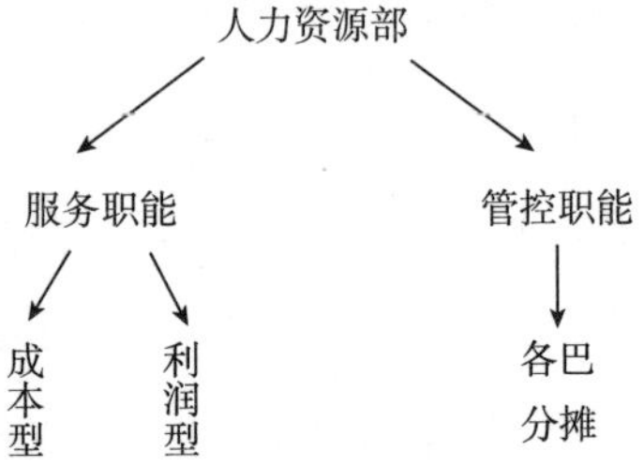

图4－2　人力资源部的管理职能

作为人力资源部，为其他部门进行招聘就是服务职能。所有的服务职能都是可以转化为市场行为，进行交易的。也就是说，一个人力资源部已经定位为预算型的阿米巴，但当我们把人力资源部的功能进一步细分为服务职能和管控职能的时候，那么服务职能其实可以把它变成一个成本型的阿米巴或者是利润型的阿米巴，因为有其他部门去购买人力资源部的服务。服务可以被购买，而管控职能没有人愿意买，怎么办呢？它的费用就进行分摊。

所以，预算型的阿米巴可以转化为成本型和利润型阿米巴。

案例12

柏明顿的阿米巴咨询客户中，有一家是业内享有很高声誉的留学服务机构。该公司有一家商学院，主要对公司内部的员工进行培训，包括一般性的公司规定的制度培训、技能培训、特殊培训（英语口语的培训）。

顾问团队在对这家公司进行阿米巴划分的时候，把这个商学院建立成一个利润型阿米巴，即所有的培训项目，能购买的，尽量内部定价，进行交易；不能购买的，计算一下需要多少人来讲，需要多少时间，需要多少费用，然后按照一个维度或者比例分摊到其他阿米巴里面去。

这个商学院的巴长把他们的科目分了三六九等，把他们的老师也分了三六九等。按照老师的级别、课时做一个价格表，然后按课程难易程度也做了一个价格表，内部实行市场化。

同时，由于这个商学院并不是公司的核心业务，公司鼓励它对外营业，可以到外面讲课。比如说如何做好PPT，这是公司内部的一个课程，这个阿米巴的讲师也可以给外边的人讲。如果招生情况不错，产生收入，就变成一个利润型阿米巴。

（2）成本型阿米巴可以转化为利润型阿米巴，甚至可以转化为资本型阿米巴（如图4－3所示）。

一家公司的生产部是一个成本型阿米巴，生产部会通过公司的BUM（业务单元）清单建立一个生产产品的标准价。生产部参照这个标准来考量部门的贡献：高于标准，生产部

图 4－3　成本型阿米巴的转化

就亏损；低于标准，生产部就有盈余。但是作为一个阿米巴来讲，其动力来源于“销售收入的最大化，成本费用的最小化”。生产部在保证供应公司内部，而又不伤害公司竞争力的前提下，是否可以对外接单呢？如果可以，那么它就是一个利润型阿米巴，而不是一个成本型阿米巴。

思考：利润型阿米巴转化为资本型阿米巴，其实施路径是什么？

案例13

柏明顿的客户中有一家大型连锁超市集团，该集团所有的超市都是直营的，集团总部对每一家超市都建立了一个利润指标，超过这个指标就可以分享，但这样集团总部与超市管理层容易产生矛盾。

这家公司导入阿米巴经营模式之后，我们为其设计阿米巴组织架构，将企业设计成一个平台，只有这样才能做大。公司现在强调的是“在线不一定在册”。集团总裁为什么非要让这家门店完全在你的掌控之下呢？每一家超市绝大部分商品的采购来源是通过集团总部管控的，而且总部不断地有监督审计人员去指导超市管理层。总部不如把超市直接交给员工，让他们在企业内部进行创业，通过内部员工创业的机制让公司股份化。

这样一来，这家超市本身对于企业和以前的股东来讲，它就是一个资本型阿米巴。

企业平台化、员工创客化之后，也就解放了老板。员工成为经营者，自主经营，独立核算。每家超市、店面根据它的资产状况，根据它以前的盈利状况，形成利益分享机制。

三、如何识别不同核算形态的阿米巴组织

1. 资本型的核算形态

资本型的核算形态，即这个阿米巴由公司股东投入了多少资产、资本，则回报多少给公司即可。至于利润多少，不作为这个阿米巴巴长的考核指标。资本型阿米巴的考核指标是投资回报或者 EVA（经济附加值）。资本型阿米巴既对成本、收入和利润负责，又对投资效果负责。

案例14

华南地区一家知名饮料企业，是柏明顿的客户。该公司导入阿米巴经营模式之后，在集团总部建立了投资中心，财务部门作为投资中心内部专司财务运作管理的职能部门。财务部门以资金管理为中心，动员并控制资金的使用。资金控制需要从流入、流出两方面着手，建立企业内部结算中心。

投资中心财务部门对经营期各阿米巴组织采取适当方法加强管理，除日常财务监督外，大力推行经营会计，建立责任控制与业绩评价制度。这一工作包括阿米巴组织的划分、责任指标的设立、指标核算的开展、业绩评价及与奖惩挂钩等环节。

企业还可以根据实际情况设为不同性质的阿米巴单元。一级阿米巴内部可以进一步划分为若干阿米巴。各级阿米巴单元都需明确负责人，较低一级负责人对其上一级负责人负责。巴长对其责任范围内的事务必须能够控制或发挥影响，对一般事务享有管理权，对重大事务提出方案，报上一级阿米巴负责人批准。

思考：公司是否有必要设立资本型阿米巴组织？

2. 利润型的核算形态

利润型核算形态，即要求该阿米巴在规定的时间内完成一定的利润目标，达到考核指标，主要的一级指标是利润。

利润型阿米巴是既对成本负责又对收入和利润负责的阿米巴组织。它有独立的或相对独立的收入和生产经营决策权。它追求的是利润，而不仅仅是成本的降低。利润型阿米巴的权利和责任都大于成本型阿米巴。

利润型阿米巴的划分程度应根据企业管理的要求而定（有些部门既可以作为利润中心，也可以作为成本中心，对这些部门的划分要进行利弊权衡）。

利润型阿米巴的特点：

（1）独立性——利润型阿米巴对外虽无法人资格，但对内却是相对独立的阿米巴经营组织，在产品售价、采购来源、人员管理及设备投资等方面均享有高度的自主性。

（2）获利性——每一个利润型阿米巴都会有一张独立的损益表，并以其盈亏金额来评估其经营绩效。所以，每一个利润型阿米巴有一定收入与支出。非属对外的营业部门，就需要设定内部交易和服务的收入，以便计算其利润。

思考：公司目前可划分为利润型的阿米巴组织有哪些？

3. 成本型的核算形态

成本型核算形态，即相对一个标准成本而言，实际成本和标准成本之间的差异就是该阿米巴的收益。

成本型阿米巴是其责任者只对其成本负责的单元，是指只对成本或费用负责的阿米巴。成本型阿米巴的范围最广，只要有成本费用发生的地方，都可以建立成本型阿米巴，从而在企业形成逐级控制、层层负责的成本中心体系。在阿米巴组织结构中，每个部门都与一个或几个成本中心挂钩。在交易中，可以把不同的成本中心费用纳入不同的成本中心，以核算一个分部、一个区域、一条产品线，甚至一个项目小组的成本。

成本型阿米巴具有只考虑成本费用、只对可控成本承担责任、只对责任成本进行考核和控制的特点。其中，可控成本具备三个条件，即可以预计、可以计量和可以控制。这里的可控性是与具体的责任中心相联系的，而不是某一个成本项目所固有的性质。

企业为了划分所属各生产部门成本计算和成本控制的职责范围，通常设立若干个成本型阿米巴。成本型阿米巴只需控制成本，而无控制销售收入的职责。作为成本型阿米巴，其主要职责是协助利润型阿米巴进行相关的营销活动。例如，成本型阿米巴可以协调其他阿米巴与客户之间的关系，协调其他阿米巴组织进行市场的推广，帮助其他阿米巴组织分析和开发相应的客户。

思考：公司目前可划分为成本型的阿米巴组织有哪些？

4. 预算型的核算形态

很多职能部门没有明显的收入和支出，那么可以把人工费用的预算作为整个巴的收入，而实际发生的人工和经费作为整个巴的支出。这一类阿米巴不能直接为整个公司创造利润，也不大可能为整个公司降低成本，但是它可以在预算的范围内努力做好管理工作。简单说就是，你赚不到钱，就不要多花别人的钱；你赚不到钱，就不要乱花别人的钱。

预算型阿米巴更多要对工作或服务质量进行关注和量化评估，是以控制经营费用为主的阿米巴组织。预算型阿米巴很重要的职能是对工作的验收、费用的细分。其最大的优点是既可控制费用又可提供最佳的服务质量，缺点是不易衡量绩效。

预算型阿米巴最主要的特点，就是在预算过程的全员发动，包含两层含义：一层是指预算目标的层层分解。人人有责任，让每一个阿米巴单元的成员都学会算账，树立“成本”“效益”意识。另一层是企业资源在各个阿米巴之间的一个协调和科学配置的过程。通过各职能部门和阿米巴单元对预算过程的参与，各阿米巴单元的作业计划和公司资源通过透明的程序进行配比，从而可以分清轻重缓急，实现对资源的有效配置和利用。

思考：公司目前可划分为预算型的阿米巴组织有哪些？

成果8　××公司阿米巴核算形态表

时间：________________　填报人：________________

阿米巴单元名称	核算形态

第二节　不同形态阿米巴的管控与运作

提示

本节内容需要深刻理解其原理，从宏观上掌握不同形态阿米巴的组织任务和特点，并按照提示，梳理出管控和运作思路。

一、不同形态阿米巴的管控

（一）资本型阿米巴

1. 资本型阿米巴的主要任务及组织形式

资本型阿米巴的目标是追求资本的持续增值。这一目标决定了资本型阿米巴的财务工作不同于一般产品经营企业或项目财务工作。财务部门作为资本型阿米巴内部专司财务运作管理的职能部门，主要任务有：负责会计核算；统筹调度资金；进行项目财务效益与风险分析；参与责任控制与业绩评价工作。这些工作任务直接影响着财务机构设置。传统的财务管理组织机构必须从横向和纵向上分别加以改造（如图4－4所示）。此外，资本型阿米巴财务的机构设置必须适应企业集团的组织管理体制要求。

企业集团资本型阿米巴一般设在集团公司总部，企业可按投资额大小或专业化要求设投资分中心。对资本型阿米巴本身的业绩评价工作必须提到议事日程上来，这是企业集团强化内部管理、建立内部激励机制的出发点。

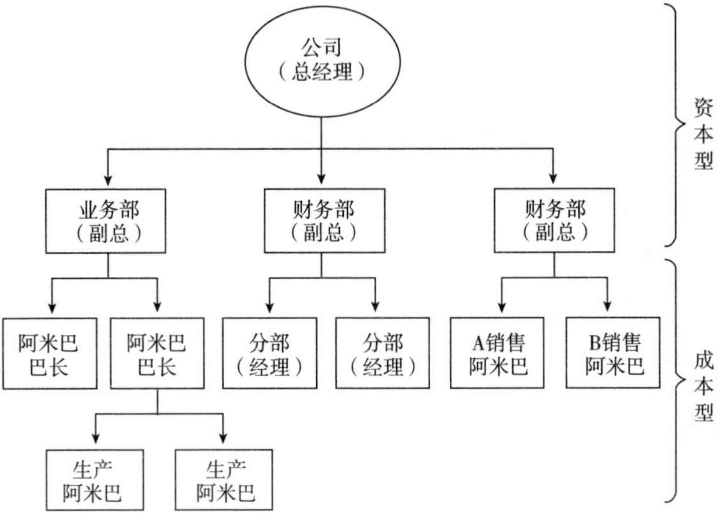

图4-4　资本型阿米巴的组织形式

2. 资本型阿米巴与股权激励的关联

资本型阿米巴是最高形态的阿米巴组织，它拥有最大的决策权，也承担最大的责任。资本中心必然是利润中心，其获利能力与其所使用的创造利润的资产相联系。但利润中心并不都是资本中心，利润中心没有投资决策权，而且在考核利润时也不考虑所占用的资产。

推行资本型阿米巴是比较好的方式，这是和它的股权激励关联起来的。预算型、成本型、利润型等核算形态的阿米巴都可以采用工资加适当奖金的方式来处理，而推行资本型阿米巴最好能够和资本结构即股权关联起来。

思考：资本型阿米巴的运作模式是什么？

（二）利润型阿米巴

1. 组织任务

划分利润型阿米巴，既有利于提高经营者的积极性和主动性，也有利于提高目标管理、预算管理等制度的实施效率，从而有利于企业战略目标的实现。利润型阿米巴在战略控制、财务控制上的动态循环如图 4－5 所示。

大的利润型阿米巴下面可以设置若干成本中心或小的利润中心。随着企业规模的进一步扩大，仅有成本中心已经不能适应企业战略发展的要求，企业需要下分若干个利润中心；对于大中型企业而言，其下面可以设置二级投资型阿米巴，二级投资型阿米巴下再设若干个利润型阿米巴。

2. 必须结合目标管理制度来推行

企业为追求未来的发展与创造高收益，现行的功能性组织已无法适应发展需求。企业划分利润型阿米巴，事实上就是实施分权的制度。但为求适当的控制，总公司的领导层仍

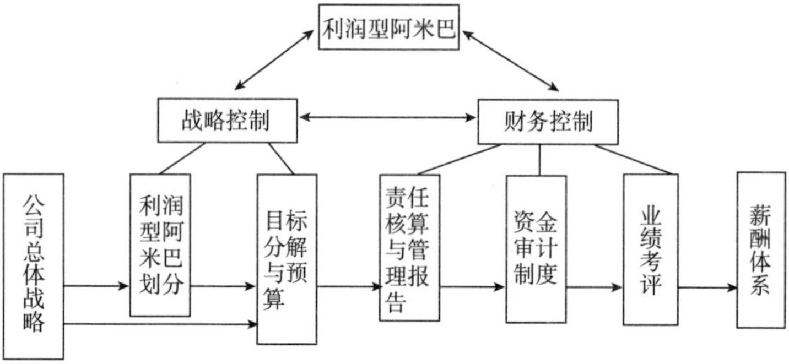

图4－5　利润型阿米巴的动态循环图

需对各利润型阿米巴承担应承担的责任，即由双方经过咨商订立各阿米巴的目标，同时赋予执行的权力，并对最后的成果负责。在目标执行过程中，设置一套完整的、客观的报告制度，定期提出绩效报告，从中显示出的目标达成的差异，不但可以促进各阿米巴采取改善的措施，还可作为总公司考核及奖惩的依据。

因此，利润型阿米巴的推行必须结合目标管理制度，才不至于空有组织架构，而缺乏达成公司目标及评估各利润型阿米巴绩效的管理方式。

3. 多模式利润型阿米巴

企业和企业集团内部的利润型阿米巴独立核算：企业管理者可以对内部利润型阿米巴的运营成果（包括内外部收入、成本费用、利润的情况）进行及时准确的了解，为管理控制与考核评价提供依据。

事业部运营模式的内部核算：按照事业部方式运营而不是按照公司运营的企业集团，通过传统的以公司为主体进行会计核算来反映事业部的经营成果已不可能，需采用利润中心会计提供解决方案。

企业集团下的跨公司的产品线/业务线的独立核算：对于矩阵式管理的企业集团，按照产品线/业务线和公司组织的方式来分别核算，了解集团的产品线/业务线的盈利情况，需要跨公司反映产品线/业务线的经营业绩。

企业内部利润型阿米巴之间的内部结算：由于企业采取了内部市场机制，各利润中心之间提供的内部产品/服务，需要进行内部结算而不用进行外部结算，需利润中心会计提供内部结算的方案。

成本费用的分摊以及精细化的利润型阿米巴核算：核算的对象为成本型阿米巴，且需要根据客户需求分产品、客户、地区等维度核算。

> *思考：利润型阿米巴的运作模式是什么？*

（三）成本型阿米巴

成本型阿米巴可分为基本成本中心和复合成本中心。前者没有下属成本中心，如一个工段是一个成本中心，后者有若干个下

> *思考：成本型阿米巴的运作模式是什么？*

属成本中心。基本成本中心的成本控制情况要向上一级责任中心负责。

成本型阿米巴的组织结构如图 4－6 所示。

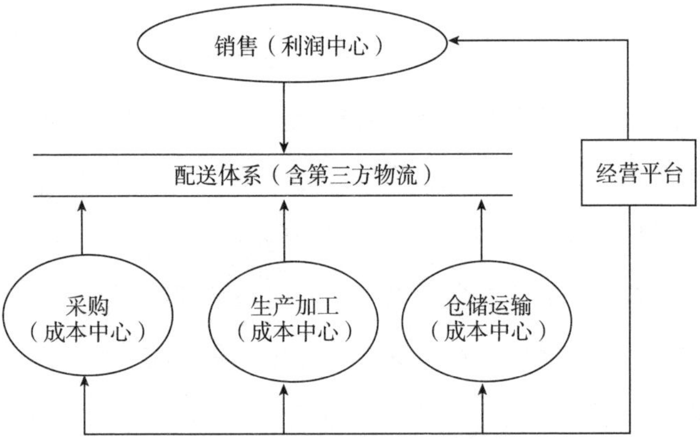

图 4－6　成本型阿米巴示意图

（四）预算型阿米巴

概括起来，预算型阿米巴主要体现如下管理价值：

第一，以目标利润为主线，提高了员工的工作积极性。这个是因为公司在下达预算任务的时候，要下达到阿米巴单元，阿米巴单元再下达到各个班组，从高层领导到每个阿米巴成员都知道自己的任务是什么，要为完成这个目标利润去积极努力。

第二，通过预算管理使从公司总部到基层的阿米巴组织，从上至下养成了降低成本、控制能源消耗的行为习惯。

第三，可以正确评价各个阿米巴单元的业绩。这个预算和考核结合起来，每个月对各个阿米巴单元进行考评，把考评结果同工资和奖金挂钩，通过这个评价让阿米巴单元知道自己在这个月所做的成绩。

思考：预算型阿米巴的运作模式是什么？

操作

规划不同核算形态阿米巴的管控思路。

编号	阿米巴名称	核算形态	运作要点

二、不同核算形态阿米巴的运作策略

1. 总部的职能与阿米巴运作

在不同管理模式下，总部功能定位有所不同，对阿米巴的管理重点也有差异，职能部门设置也应有所变化，以支持相应管理模式的顺畅运行。例如，一家导入阿米巴经营模式的企业，其总部职能部门设置战略发展中心、技术质量中心、运营管理中心、人力资源中心、行政管理中心、财务管理中心等。具体情况可参考下面这个案例（如表4－2所示）。

表 4 – 2　× ×公司总部核算形态定位

层次	定位	运作要点
集团总部	战略决策中心	对集团的整体战略负责
	投资决策中心	集团总部对其所属企业投资拥有决策控制权，只有这样才能有效地保证集团能将有限资金投入集团战略需求上
	资源配置中心	集团总部根据战略及各阿米巴单元的具体情况，决定集团资源如何在各阿米巴单元之间配置，集团总部是各阿米巴的资源配置中心
	宏观调控中心	由公司总部调度、调配阿米巴的产品生产、服务以及运营

（1）战略决策中心：在整个体系运作过程中，公司总部决策中心主要承担战略框架制定、战略目标下达、计划审批以及实施监控等职能（如图 4 – 7 所示）。而各子公司（各级阿米巴）主要承担战略制定、计划细化与挑战、计划实施以及偏差分析等职能。

（2）投资决策中心：集团总部对其所属企业（各级阿米巴）投资拥有决策控制权。集团所有投资必须置于集团总部的掌控之中，只有这样，才能有效地保证集团将有限资金投到集团战略需求上，保证集团的发展方向符合集团战略。集团总部财务全面掌握集团财务资源，是集团投资决策的主要参与者之一，成为集团的投资决策财务控制中心。

（3）资源配置中心：按集团战略需要，每年对各阿米巴下达任务。集团总部掌握着集团内人、财、物等方面的资源

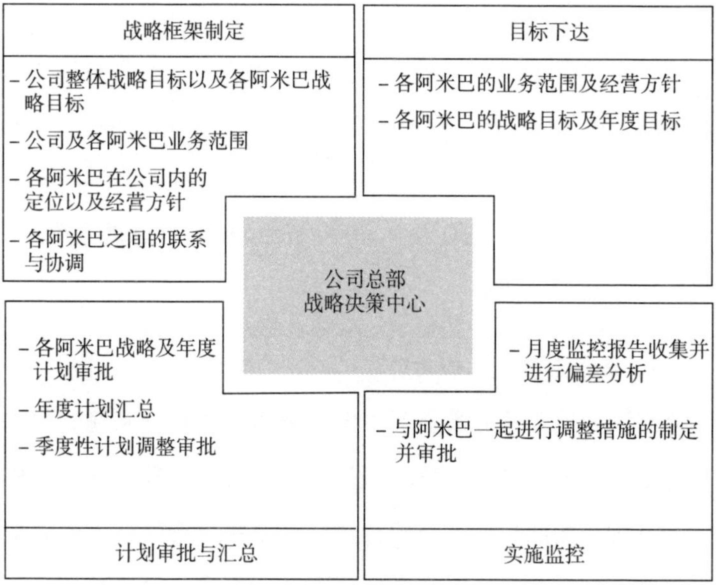

图 4 – 7　战略决策中心

配置权，要完成任务，接受任务的阿米巴单元就往往向总部要资源，因此，人力、财务、物力资源需要在集团内部进行有效配置，以保证集团内各阿米巴有足够的条件来完成其预算。这个资源配置中心既不能由集团各阿米巴自行决定，也不能由市场决定，需要集团总部根据集团战略、集团资源保有量及各阿米巴单元的具体情况，经过综合分析，决定集团资源如何在各阿米巴单元之间配置。

(4) 宏观调控中心：宏观上，总部需要统一调配、统一指挥。比如，让某个阿米巴下线一个产品，因为和另外一个阿米巴是冲突的；让一个阿米巴取消某种服务，因为这个功能要拿到母公司来；让一个阿米巴降格，从利润中心成为成本中心；让这个阿米巴与另外一个阿米巴合并。这种调度、调配，必须由母公司作为唯一中心来发出，因为是唯一中心，减少了话语的多样性和利益的多重性，所以它的运作思路能够更清晰。

思考：企业总部有哪些重要职能？

2. 利润型阿米巴的运作

在阿米巴经营的需求下，集团企业需要划分利润型阿米巴。以利润型阿米巴为核算主体，以责、权、利相统一的机制为基础，按照阿米巴经营会计核算要素进行阿米巴的内部核算和管理，帮助集团企业实现内部利润中心独立核算、跨公司的产品线/业务线的管理核算、阿米巴之间提供内部产品/服务时的内部交易。

要使利润型阿米巴发挥应有的作用，应具备三个条件：巴长的决策能够影响该中心的利润；阿米巴的生产经营活动有相对的独立性；阿米巴利润的增加，能提高企业的经济效益。

（1）实施背景：产品多样、市场区隔、销售连锁、权责明确、奖罚合理。

（2）业绩评价：在利润型阿米巴中，由于巴长没有权力决定阿米巴的投资水平，因而利润就是其最佳业绩计量标准。巴长具有经营决策权，并可根据利润指标对其做出评价。

（3）目标管理：利润型阿米巴的推行，必须结合目标管理制度。

（4）运作机制：利润型阿米巴的推行，在于变革组织结构以达成公司的策略规划。

思考：如何进行利润型阿米巴的运作？

3. 资本型阿米巴的运作

资本型阿米巴参与投资工作的途径：

（1）投资前期

第一，摸清企业集团的资源和负担。企业集团的资源和负担不仅表现在经营会计报表上，还要进行全方位的调查。

第二，培育企业的融资能力。投资功能要充分发挥，必须充分利用金融市场，发挥负债经营的财务杠杆作用。

第三，投资中心财务部门应当参与项目投入、运作、退出的全过程，在筹资、投资及资产处置方面都要发挥作用。

第四，加强项目评估财务分析，权衡效益和风险。

（2）经营期间

投资中心对经营期各利润中心、成本中心要采取适当方法加强管理。除日常财务监督外，要大力推行责任会计，建立责任控制与业绩评价制度。这一工作包括责任中心的划分、责任指

思考：你如何进行资本型阿米巴的运作？

标的设立、指标核算的开展、业绩评价及与奖惩挂钩等环节。

4. 成本型阿米巴的运作

阿米巴的成本控制应该有计划、有重点地区别对待。各行各业不同企业有不同的控制重点。成本控制一般可以从成本形成过程和成本费用分类两个角度来加以考虑。

成本控制对象各有不同，成本控制工作的要求也各不一样。成本控制方法，主要有如下操作流程：

（1）从成本中占比例高的方面着手。控制成本自然是要控制产品的全部成本，从成本产生全过程、全方位来控制成本，包括设计、采购、制造、营销与管理各个环节都要置于企业成本控制范围之内。

（2）从创新方面着手。如果不是创新技术、工艺，增加或改进设备等，成本就很难再降低。

（3）从关键点着手。企业成本控制应从关键点着手，抓住成本关键点，往往能达到事半功倍的效果。

（4）从可控制费用着手。从可控制费用着手进行成本控制，才是企业的成本控制之道。

（5）从激励约束机制方面着手。建立与之相关的激励与约束机制，用激励与约束的方式来调动员工控制成本的主观能动性，将节约成本与控制者的切身利益联系起来，利用奖惩的办法

思考：你如何进行成本型阿米巴的运作？

将企业的被动成本控制转换为全员的主动成本控制。

操作

制定不同核算形态阿米巴的运作策略。

成果9 阿米巴组织管控与运作

编号	阿米巴名称	核算形态	管控要点	运作策略

第三节 灵活多变的阿米巴组织体系

提示

本节属于了解内容，需要理解阿米巴组织的灵活多变性，不需要操作和形成方案。

阿米巴组织是灵活多变的，阿米巴划分之后，并非一成不变，可以多种状态并存。

一、阿米巴组织和非阿米巴组织并存

在企业中，有些部门符合阿米巴建立的条件，就能够做成阿米巴。但有些部门，连预算都不容易做，想做成预算型阿米巴就非常困难。既然如此，就不要做成阿米巴。只要建立这个明确的预算，把公司付给你的预算作为你这个部门的收入就可以。公司考核这个部门，不是考核你省了多少费用，而是考核你的工作质量。

思考：为什么阿米巴组织能够与非阿米巴组织并存？

所以有些部门不成立阿米巴也可以，就让非阿米巴组织和阿米巴

组织并存。

二、多级阿米巴和单级阿米巴并存

某家公司的销售部门是一个一级阿米巴，销售部又按照区域维度划分成二级阿米巴，区域阿米巴可能又按照客户维度分成三级阿米巴。这是一个多级阿米巴。

生产部可分为制造现场、品管、采购、工程、仓储、计划等二级阿米巴，生产制造现场又分为第一车间、第二车间、第三车间等三级阿米巴。第一车间又分为第一工段、第二工段、第三工段等四级阿米巴。这也是一个多级阿米巴。

人力资源部可以是一个一级阿米巴，也可以是一个单级阿米巴。

在一家企业中，多级阿米巴和单级阿米巴是可以并存的。

思考：为什么多级阿米巴和单级阿米巴可以并存？

三、自下而上设计与自上而下设计并存

阿米巴组织架构去行政化，去权力化。我们划分阿米巴组织，最好按照自上而下的顺序来进行，因为这个时候企业已经梳理了公司的战略，对公司的组织架构进行了重新整理。在新的组织架构上来做阿米巴的划分，更容易产生效果。

但如果公司目前不具备这样的一个条件，或者公司着急导入阿米巴经营模式，等不了自上而下进行设计，要求把制

造部门做成阿米巴，这样也可以，这叫自下而上的设计。

自下而上设计与自上而下设计各有利弊。从时间的快慢来讲，自下而上，先把下面的几个部门、车间、科室做成阿米巴，会快一些。但是就整体效果来讲，最好还是自上而下来设计。

思考：为什么自下而上设计与自上而下设计可以并存？

四、核算的四种形态可以并存

在一些企业中，阿米巴的核算形态并非单一的，而是四种形态并存。比如研发阿米巴是预算型的，采购部做成成本型阿米巴，品管部做成成本型阿米巴，财务投资中心相当于资本型阿米巴。多种核算形态并存，就形成相互依存、共存共生的阿米巴生态圈。

思考：为什么核算的四种形态可以并存？

五、划分的五个维度可以并存

划分阿米巴的时候，有的阿米巴按照职能维度来划分，有的阿米巴根据客户维度来划分，有的阿米巴按照区域维度来划分，有的阿米巴按照品牌维度来划分，即划分阿米巴的五个维度是可以并存的。

思考：为什么阿米巴的五个划分维度可以并存？

第四节　各巴权责和经营模式界定

阿米巴管控和权责关系也应配合公司战略加以整理，管控关系本质上是权责关系，在分类管控模式下，考虑的因素主要有：战略重要程度、规模与发展阶段、对集团核心资源和能力依赖度、业务成熟度、管理成熟度等。

基于分工的组织模块，通过对流程与组织的有效整合，确保阿米巴业务在组织间得到有效支撑和高效协作，最终实现面向客户的业务目标。

组织、权责、流程、部门与岗位、关键职责，这些要素构成了整个组织的运行系统，在进行阿米巴组织规划时，应全盘考虑。

我们以一家柏明顿的客户为例，说明各巴核心职能、权责和经营模式界定。

一、运营中心巴

1. 组织架构图（如图 4-8 所示）

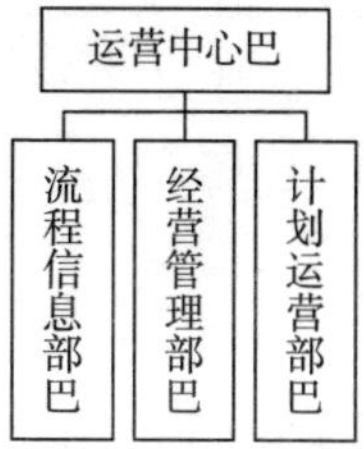

图 4-8　运营中心巴组织架构

2. 组织核心职能

根据集团发展战略规划，编制集团年度经营计划，针对公司经营管理目标制订项目开发、关键节点计划，负责经营目标责任书的签订；负责梳理各分子公司、项目的业务、财务等运营流程及业务流程信息，使之相互衔接，有指导、协调和监督等职能，确保集团运营制度的贯彻落实与执行，保障各项目公司工作顺利开展。

3. 管理权责

人事权：对本巴员工聘用与退回权、提请奖惩权、一定的薪酬福利调整权。

财务权：本巴预算内的费用，依权限审核与审批。

业务权：召集公司计划经营会议的权力；公司经营计划汇编权；项目计划审核权。

4. 经营模式界定（见表4-3）

表4-3 运营中心巴经营模式

产品/服务	是否对外	盈利模式	关键驱动力目标
无	否		

5. 交易关系界定（见表4-4）

表4-4 运营中心巴交易关系

卖方（提供方）	服务（交易内容）	买方（需求方）
人力资源中心巴	1. 人员招聘补充支持 2. 培训支持	运营中心巴
客户品牌中心巴	1. 品牌、文案、宣传策划支持 2. 品牌传播支持 3. 项目品牌支持 4. 活动策划与执行	运营中心巴

续表

卖方（提供方）	服务（交易内容）	买方（需求方）
风险控制中心巴	1. 法务管理支持 2. 合同管理支持 3. 诉讼管理支持	运营中心巴

二、营销中心巴

1. 组织架构图（如图4－9所示）

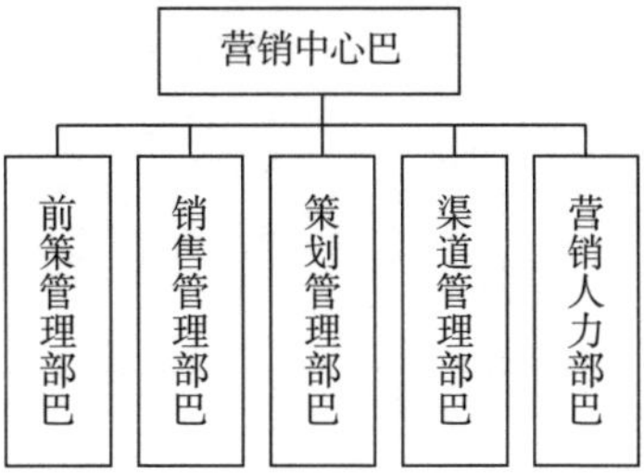

图4－9　营销中心巴组织架构

2. 组织核心职能

根据集团发展战略规划，统筹管理公司的营销工作，建立和完善集团各项营销、策划管理制度，负责对项目公司的营销策划实施管理和控制，确保项目顺利实现销售及回款目标。

3. 管理权责

人事权：对本巴员工聘用与退回权、提请奖惩权、一定的薪酬福利调整权。

财务权：本巴预算内的费用，依权限审核与审批；非预算的业务费用，依集团授权额审批。

业务权：销售计划会审权；渠道合作商选择权。

4. 经营模式界定（见表4－5）

表4－5　营销中心巴经营模式

产品/服务	是否对外	盈利模式	关键驱动力目标
1. 市场调研支持 2. 对资金监管、预售证等手续办理提供支持 3. 项目前期策划方案 4. 销售策划方案 5. 销售执行服务	是	1. 出售调研报告、定位方案、策划方案 2. 通过支持各项目、各分子公司营销获得收益	1. 报告与方案质量 2. 服务效率 3. 销售计划达成率

5. 交易关系界定（见表4－6）

表4－6　营销中心巴交易关系

卖方（提供方）	服务（交易内容）	买方（需求方）
人力资源中心巴	1. 人员招聘补充支持 2. 培训支持	营销中心巴
营销中心巴	1. 项目推广营销策划方案 2. 销售执行	各项目（利润巴）
营销中心巴	1. 市场调研支持 2. 定位策划及推广支持 3. 对资金监管、预售证等手续办理提供支持	战略投资中心

三、人力资源中心巴

1. 组织架构图（如图4－10所示）

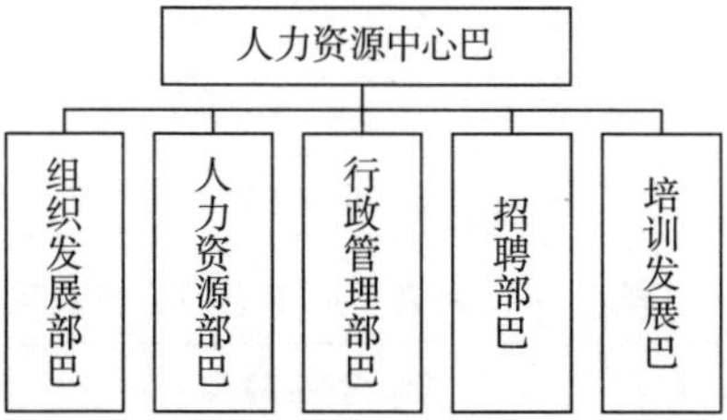

图4－10 人力资源中心巴组织结构

2. 组织核心职能

根据集团发展战略规划，建立科学的人力资源管理与开发体系，实现公司人力资源的有效提升与合理配置，满足企业发展的人才需求，为集团的战略发展提供有效保障。

3. 管理权责

人事权：对本巴员工的任免建议权、提请奖惩权、一定的薪酬福利调整权。

财务权：本巴预算内的费用，依权限审核与审批。

业务权：对各巴人员任免进行审核与审批；全员工资、社保、公积金等调整审核权；企业各分支机构的人力资源管理制度的维护与处罚权。

4. 经营模式界定（见表4－7）

表4－7　人力资源中心巴经营模式

产品/服务	是否对外	盈利模式	关键驱动力目标
1. 人力资源配置 2. 员工培养	否	根据各巴需求提供	1. 招聘达成率 2. 培训需求达成率

5. 交易关系界定（见表4－8）

表4－8　人力资源中心巴交易关系

卖方（提供方）	服务（交易内容）	买方（需求方）
人力资源中心巴	1. 人员招聘补充支持 2. 培训支持	其他各巴

四、财务资金中心巴

1. 组织架构图（如图4－11所示）

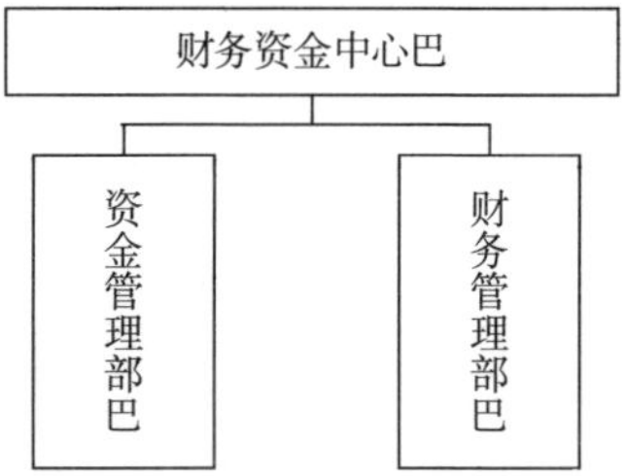

图4－11　财务资金中心巴组织结构

2. 组织核心职能

根据集团发展战略规划，建立健全财务核算体系，负责政策法规研究，申报资金支持，制定回款考核方案，负责新项目测算、全盘税务统筹工作及项目运营情况分析，为公司的经营发展提供财务保障和专业支持。

3. 管理权责

人事权：对本巴员工聘用与退回权、提请奖惩权、一定的薪酬福利调整权。

财务权：本巴预算内的费用，依权限审核与审批。

业务权：公司内部会计核算及其稽核权；企业各分支机构的财务资金管理制度的维护与处罚权。

4. 经营模式界定（见表4－9）

表4－9 财务资金中心巴经营模式

产品/服务	是否对外	盈利模式	关键驱动力目标
1. 现金支持 2. 税务筹划方案支持	否	根据各巴需求提供资金收取利息；根据各巴需求提供方案，收取服务费用	1. 资金到位效率 2. 税务筹划效果

5. 交易关系界定（见表4－10）

表4－10 财务资金中心巴交易关系

卖方（提供方）	服务（交易内容）	买方（需求方）
人力资源中心巴	1. 人员招聘补充支持 2. 培训支持	财务资金中心巴
财务资金中心巴	1. 现金支持 2. 税务筹划方案支持	其他各巴

五、设计研发中心巴

1. 组织架构图（如图4－12所示）

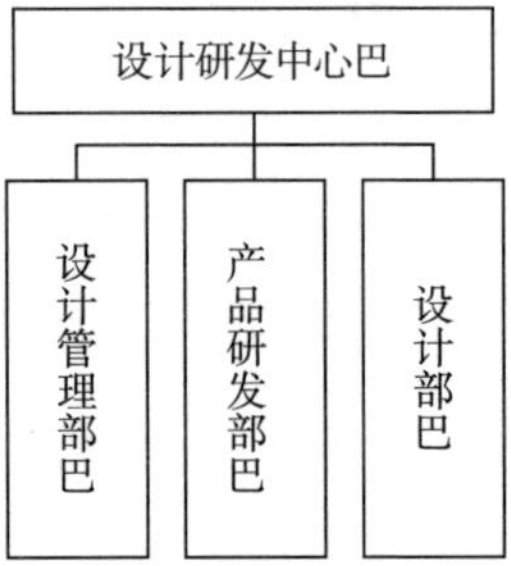

图4－12　设计研发中心巴组织结构

2. 组织核心职能

根据集团发展战略规划，制定及完善项目规划及设计管理制度，为公司项目顺利实施提供标准化和技术服务。

3. 管理权责

人事权：对本巴员工聘用与退回权、提请奖惩权、一定的薪酬福利调整权。

财务权：本巴预算内的费用，依权限审核与审批。

业务权：设计选择权。

4. 经营模式界定（见表4-11）

表4-11　设计研究中心巴经营模式

产品/服务	是否对外	盈利模式	关键驱动力目标
1. 产品研发支持 2. 产品管理支持 3. 项目设计支持 4. 对各项手续提供相关图纸及技术支持	否	通过优化设计，合理降低成本	1. 设计规范的熟悉掌握 2. 现阶段市场需求指标

5. 交易关系界定（见表4-12）

表4-12　设计研发中心巴交易关系

卖方（提供方）	服务（交易内容）	买方（需求方）
人力资源中心巴	1. 人员招聘补充支持 2. 培训支持	设计研发中心巴
设计研发中心巴	1. 产品研发支持 2. 产品管理支持 3. 项目设计支持 4. 对各项手续提供相关图纸及技术支持	各项目巴

六、一级项目部

1. 组织架构图（如图4-13所示）

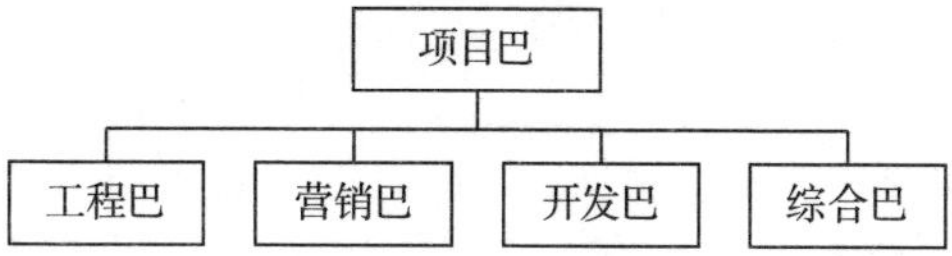

图4-13　项目巴组织架构

2. 组织核心职能

根据公司战略，开展项目整体运营，总体统筹管理、计划分解实施及良性运营，完成集团高周转任务，落实利润最大化。

3. 管理权责

人事权：对本巴员工聘用与退回权、提请奖惩权、一定的薪酬福利调整权。

财务权：根据经营需要与费用额度，依公司授权权限审核与审批。

业务权：对产品组合调整权；对客户的选择权；对外合作单位的选择权。

4. 经营模式界定（见表4－13）

表4－13 项目巴经营模式

产品/服务	是否对外	盈利模式	关键驱动力目标
1. 内部资金借贷 2. 技术输出及成品对外销售	是	产品销售最大化、其他费用最小化，获取外部利润	1. 拓展规模及成本 2. 项目策划与设计质量 3. 项目总成本控制 4. 产品销售情况及回款

5. 交易关系界定（见表4－14）

表4－14 项目巴交易关系

卖方（提供方）	服务（交易内容）	买方（需求方）
人力资源中心巴	1. 人员招聘补充支持 2. 培训支持	项目巴

续表

卖方（提供方）	服务（交易内容）	买方（需求方）
财务资金中心巴	1. 现金支持 2. 税务筹划支持	项目巴
营销中心巴	1. 市场调研支持 2. 定位策划及推广支持	项目巴
设计研发中心巴	1. 产品研发支持 2. 产品管理支持 3. 项目设计支持 4. 对各项手续提供相关图纸及技术支持	项目巴

操作

设计一级巴和二级巴的权责和经营模式界定。

1. 设计阿米巴组织架构图；
2. 划分组织核心职能；
3. 划分管理权责；
4. 经营模式界定；
5. 交易关系界定。

【示例】某企业阿米巴单元划分结果（见表4－15）

表4－15　某企业阿米巴单元划分层级及形态

级别	名称或范围	形态	划分维度	巴数量（个）
一级	1. 漆包线巴 2. DC线巴	利润型	产品维度	2

续表

级别	名称或范围	形态	划分维度	巴数量（个）
二级	1. 生产巴 2. 销售巴	成本型 利润型	价值链维度	4
三级	1. 生产巴下的各工序 2. 销售巴下的细分产品	成本型 利润型	价值链维度、产品维度	若干

说明：

1. 现阶段阿米巴的划分暂时进行到二级巴；
2. 等条件成熟后再行往下细分到三级巴。

成果10　阿米巴单元划分的层级及形态（经营模式）

巴单元级别	名称或范围	形态	划分维度	巴数量（个）
一级阿米巴				
二级阿米巴				
三级阿米巴				

第五章

阿米巴组织整合与升级

阿米巴组织是灵活多变的，就像变形虫一样，可以拆分，也可以合并。

企业需要根据环境变化及时调整业务，对组织进行调整和升级。阿米巴不但有“分”，还有“合”，分中有合，合中有分，分合自如。

本章将从动态视角审视企业的阿米巴建设。一是阿米巴拆分与合并的方式；二是企业导入阿米巴经营模式之后，如何升级为战略阿米巴、平台阿米巴等。如图 5－1 所示。

图 5－1　阿米巴组织整合与升级

本章目标

1. 理解：阿米巴裂变组合准则。
2. 掌握：制作阿米巴明细表。
3. 操作：阿米巴组织拆分与合并。
4. 操作：阿米巴组织整合与升级。

形成成果

制作阿米巴明细表。

第一节　阿米巴裂变组合准则

一个阿米巴要裂变，一般分为三种类型：战略性裂变；规则性裂变；临时性裂变。

一、战略性裂变

什么是战略性裂变？比如公司比较重要的业务，可以单独拿出来作为一个裂变，或者需要重点培植的业务独立出来成为一个阿米巴。

举一个例子，公司以前做的产品里面，一个阿米巴能经营的产品有五种：A、B、C、D、E。其中 E 在现有的产品系列中份额比较小，但是未来它却会成为一种主流产品，引领新的趋势，所以就给 E 产品单独成立成一个阿米巴，和 A、B、C、D 产品形成并列关系。这种裂变就称为战略性裂变。

二、规则性裂变

规则性裂变是指，公司制定一个规则，如果某个阿米巴达到其中一个条件就强制性裂变。一般来讲有三个条件：第一，业绩规模达到预定的目标。比如有一个阿米巴的营业额是 1 亿元，当达到公司规定的 1.5 亿元的时候，就需要分裂成两个阿米巴。第二，人数规模达到预定的范围。人数如果太多就会造成管理幅度、难度加大，对内部也会形成一定比例的内耗。为了减少内耗，让管理变得更加扁平化，当人员达到一定的规模以后也是可以进行裂变的。第三，区域范围达到预定的目标。比如某阿米巴以前只负责五个省份，而且这五个省份都做到了一定业绩，那么就可以一次性分裂成两个阿米巴，或者五个阿米巴。这个要具体结合区域大小进行合理的裂变。

三、临时性裂变

什么是临时性裂变？比如一个阿米巴的巴长，他的经营业绩、经营能力、经营意识都不强，无法胜任这个阿米巴的管理，那么我们就可以把这个阿米巴拆分成两个阿米巴。这就是临时性裂变。另外，为了培养更多的经营性人才，我们也可以对阿米巴进行临时性裂变。

裂变的方向一般会有两个：纵向裂变、横向裂变。

纵向裂变：A 阿米巴裂变成 A－和 A＋。

横向裂变：A 阿米巴裂变成 B 阿米巴，这个时候 A 和 B 是横向并列关系。

这两种方向各有利弊。这就是关于阿米巴的分裂条件以及它的两个分裂形式。

思考：你的公司，阿米巴裂变的类型和条件是哪些？

案例15

柏明顿的阿米巴咨询客户中，有一家地产公司，就是通过阿米巴裂变不断做大做强。其阿米巴裂变过程如下：

2016 年深入磨合，为 2017 年组织裂变做好准备；2017 年，地产集团裂变为地产集团及置地集团。

目标：到 2017 年末 80% 区域升级为大区。

一、业务规模

1. 大区业务规模在 80 ~ 120 亿元，超过 120 亿元开始裂变，达到 100 亿元进入裂变准备期。

2. 区域阿米巴业务规模 30 ~ 60 亿元，超过 50 亿元进入升级大区准备期。

3. 城市阿米巴业务规模 20 ~ 40 亿元，超过 40 亿元进入裂变准备期，裂变为 2 个城市公司。

4. 事业部超过 3 个项目可升级城市公司，或 2 个事业部合并升级为城市公司。

二、组织规模

1. 大区公司下辖城市公司数量 5 ~ 7 个，城市公司项目 4 ~ 5 个，总项目数量不超过 30 个。

2. 区域公司下辖事业部不超过 3 个，事业部项目不超过 3 个，总项目数量不超过 9 个。

3. 事业部不超过 3 个项目（其中新项目不超过 2

个），城市公司不超过5个项目（其中新项目不超过2个）。

4. 战略性项目：拿地金额大于20亿元或产值超过40亿元，由大区直管。

5. 战略性项目：拿地金额大于30亿元或产值超过60亿元，由控股集团直管。

6. 若项目体量较大，按2个项目计算（具体按之前规定执行）。

满足上述任一条件，综合考虑组织裂变。

第二节　制作阿米巴明细表

提示

本节内容掌握难度不大，但要求标准很高，既是对本教材学习成果的呈现，也是阿米巴组织划分的结论性方案，需要反复推演和操作，必要时可对前面章节进行“回头看”。

一、阿米巴组织的级数与个数

阿米巴的个数与级数，分多少最科学？

阿米巴的个数是没有规定的。只要符合阿米巴成立的三个条件，能成立阿米巴的，尽可能成立阿米巴。前提是你的核算成本不要过高。

阿米巴级数也没有严格规定。组织扁平化后通常少于原组织层级数，亦和财政基础、IT 支持有关。如果核算成本太高可暂不做成阿米巴，即阿米巴层级划分要符合企业自身需求。

我们通过图 5 -2 来进行分析。

在这张图中，有 1 个一级阿米巴，有 3 个二级阿米巴。

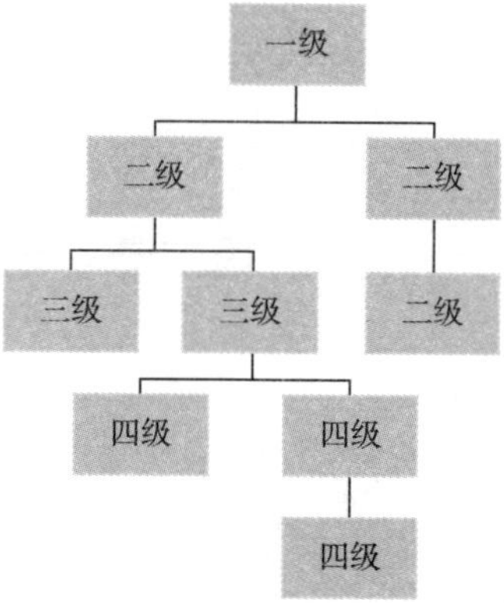

图 5-2　阿米巴层级划分

右边为什么有 2 个二级阿米巴？从行政级别上来讲，它是上下级关系，但做阿米巴的时候，为什么形成一个阿米巴级别呢？其实，我们现行的公司组织架构里，有时候一个副总经理可能只管理一个部门，副总经理、部门经理、部门成员组成的是一个阿米巴。但是从行政级别上来讲，副总经理是一个级别，部门经理是一个级别，所以，上下级组合成一个阿米巴级别是完全有可能的。那到底应该分成多少个级数，是不是越多越好呢？答案是看我们的财务数据能不能够支撑，能不能核算到那里。

根据我们的咨询经验，公司能支撑的财务核算，充其量也就到四级和五级。一般的单体公司分成三级就差不多了。当然，如果是跨国公司，级数就稍微多一些。但总体来讲，会比它的行政级数少。

阿米巴的级数会和我们现行组织架构的级数有一个差距。也就是说，阿米巴的级数相对来讲会少一点。

阿米巴组织划分，主要适用于产业多元化、品种多样化、各有独立的市场，而且市场环境变化较快的企业。

划分阿米巴单元是实行分级、分权管理的有效方式。所谓“分级”，是指企业内部实行分层次的多级管理，层级分别是：集团控股公司—各片区（主要城市）—各分子公司—一级阿米巴（如营销巴和生产巴）—二级阿米巴—三级阿米巴等，最后一直分解到最低层的阿米巴组织。所谓“分权”，是指企业内部经营管理权的适当分散，由集权转变为分权。

思考：你的公司，阿米巴级数与个数分别是多少？

阿米巴组织的层级，如图5－3所示：

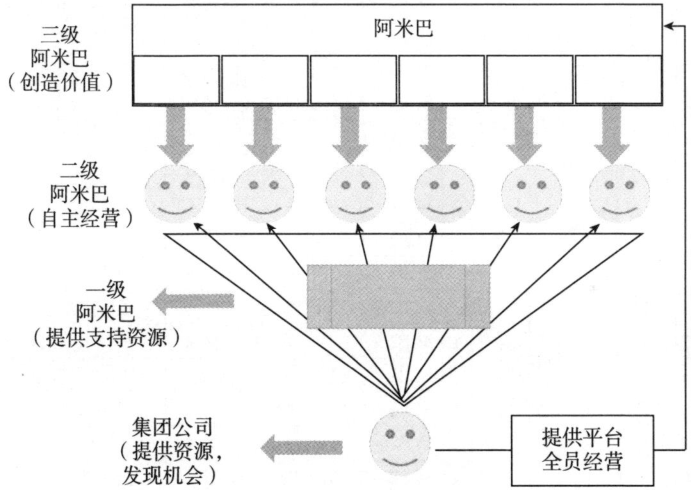

图5－3　阿米巴组织的层级

二、制作公司阿米巴明细表

在弄清楚公司阿米巴组织的级数、划分维度、核算形态的基础上，就可以制作公司详细的阿米巴明细表。

第一步 制作分表

可以按照核算形态来分，也可以按照划分维度来分，如表5－1～表5－4所示。

【示例1】

表5－1 某公司生产巴各级阿米巴名称及巴长

序号	一级代码	巴名称	负责人	现任职务	二级代码	巴名称	负责人	现任职务	三级代码	巴名称	负责人	现任职务
1	SB1	××三厂	刘××	厂区主任	SMB1	二车间	甲王× 乙韩×	车间主任	SCB1－1	甲搅拌成型	张×	甲搅拌成型组长
2									SCB1－2	甲烤炉	任×	甲烤炉组长
3									SCB1－3	甲包装	李×	甲包装组长
4									SCB1－4	甲喷码	冯×	甲喷码组长
5									SCB1－5	乙搅拌成型	张×	乙搅拌成型组长
6									SCB1－6	乙烤炉	徐×	乙烤炉组长
7									SCB1－7	乙包装	周×	乙包装组长
8									SCB1－8	乙喷码	李×	乙喷码组长
9					SMB2	五车间	甲陶× 乙李×	车间主任	SCB2－1	甲搅拌成型	韩×	甲搅拌成型组长
10									SCB2－2	甲烤炉	曹×	甲烤炉组长
11									SCB2－3	甲包装	李×	甲包装组长
12									SCB2－4	甲三明治	徐×	甲三明治组长
13									SCB2－5	乙搅拌成型	刘文×	乙搅拌成型组长
14									SCB2－6	乙烤炉	何×	乙烤炉组长
15									SCB2－7	乙包装	陈×	乙包装组长
16									SCB2－8	乙三明治	张×	乙三明治组长
17									SCB2－9	汉堡	宋×	汉堡组长
合计												

说明：1. 编码规则：

（1）B代表一级巴；MB代表二级巴；CB代表三级巴。

（2）销售巴在级别代码前加X；生产巴在级别代码前加S。

（3）一级巴和二级巴按自然数顺序编码同级别巴；三级巴按相应二级码自然数加后缀，编码同级别巴。

2. 各级巴负责人称为巴长。

3. 各级巴负责人由人力资源部建议审核，由总经理批准。

【示例2】

表5－2 某公司生产阿米巴范围及产品系列

<table>
<tr><th rowspan="2">序号</th><th rowspan="2">级别</th><th rowspan="2">代码</th><th rowspan="2">巴名称</th><th colspan="4">区域范围面积（平方米）</th><th colspan="2">设备器具（个数）</th><th rowspan="2">生产线条数</th><th colspan="2">主要生产产品</th><th rowspan="2">备注</th></tr>
<tr><th>办公室</th><th>车间</th><th>仓库</th><th>其他</th><th>大型设备</th><th>辅助设备</th><th>系列</th><th>品种</th></tr>
<tr><td>1</td><td>一级</td><td>SB1</td><td>××三厂</td><td></td><td></td><td></td><td></td><td></td><td></td><td></td><td></td><td></td><td></td></tr>
<tr><td>2</td><td rowspan="2">二级</td><td>SMB1</td><td>二车间</td><td></td><td></td><td></td><td></td><td></td><td></td><td></td><td></td><td></td><td></td></tr>
<tr><td>3</td><td>SMB2</td><td>五车间</td><td></td><td></td><td></td><td></td><td></td><td></td><td></td><td></td><td></td><td></td></tr>
<tr><td>4</td><td rowspan="17">三级</td><td>SCB1－1</td><td>甲搅拌成型</td><td></td><td></td><td></td><td></td><td></td><td></td><td></td><td></td><td></td><td></td></tr>
<tr><td>5</td><td>SCB1－2</td><td>甲烤炉</td><td></td><td></td><td></td><td></td><td></td><td></td><td></td><td></td><td></td><td></td></tr>
<tr><td>6</td><td>SCB1－3</td><td>甲包装</td><td></td><td></td><td></td><td></td><td></td><td></td><td></td><td></td><td></td><td></td></tr>
<tr><td>7</td><td>SCB1－4</td><td>甲喷码</td><td></td><td></td><td></td><td></td><td></td><td></td><td></td><td></td><td></td><td></td></tr>
<tr><td>8</td><td>SCB1－5</td><td>乙搅拌成型</td><td></td><td></td><td></td><td></td><td></td><td></td><td></td><td></td><td></td><td></td></tr>
<tr><td>9</td><td>SCB1－6</td><td>乙烤炉</td><td></td><td></td><td></td><td></td><td></td><td></td><td></td><td></td><td></td><td></td></tr>
<tr><td>10</td><td>SCB1－7</td><td>乙包装</td><td></td><td></td><td></td><td></td><td></td><td></td><td></td><td></td><td></td><td></td></tr>
<tr><td>11</td><td>SCB1－8</td><td>乙喷码</td><td></td><td></td><td></td><td></td><td></td><td></td><td></td><td></td><td></td><td></td></tr>
<tr><td>12</td><td>SCB2－1</td><td>甲搅拌成型</td><td></td><td></td><td></td><td></td><td></td><td></td><td></td><td></td><td></td><td></td></tr>
<tr><td>13</td><td>SCB2－2</td><td>甲烤炉</td><td></td><td></td><td></td><td></td><td></td><td></td><td></td><td></td><td></td><td></td></tr>
<tr><td>14</td><td>SCB2－3</td><td>甲包装</td><td></td><td></td><td></td><td></td><td></td><td></td><td></td><td></td><td></td><td></td></tr>
<tr><td>15</td><td>SCB2－4</td><td>甲三明治</td><td></td><td></td><td></td><td></td><td></td><td></td><td></td><td></td><td></td><td></td></tr>
<tr><td>16</td><td>SCB2－5</td><td>乙搅拌成型</td><td></td><td></td><td></td><td></td><td></td><td></td><td></td><td></td><td></td><td></td></tr>
<tr><td>17</td><td>SCB2－6</td><td>乙烤炉</td><td></td><td></td><td></td><td></td><td></td><td></td><td></td><td></td><td></td><td></td></tr>
<tr><td>18</td><td>SCB2－7</td><td>乙包装</td><td></td><td></td><td></td><td></td><td></td><td></td><td></td><td></td><td></td><td></td></tr>
<tr><td>19</td><td>SCB2－8</td><td>乙三明治</td><td></td><td></td><td></td><td></td><td></td><td></td><td></td><td></td><td></td><td></td></tr>
<tr><td>20</td><td>SCB2－9</td><td>汉堡</td><td></td><td></td><td></td><td></td><td></td><td></td><td></td><td></td><td></td><td></td></tr>
<tr><td colspan="4">总计</td><td></td><td></td><td></td><td></td><td></td><td></td><td></td><td></td><td></td><td></td></tr>
</table>

【示例3】

表5-3　××公司销售阿米巴明细表

序号	一级代码	巴名称	负责人	现任职务	二级代码	巴名称	负责人	现任职务	三级代码	巴名称	负责人	现任职务
1	XB1	销售部	林×	销售经理	XMB1	客户组	刘×	部门主任	XCB1-1	KA1	陈×	业务主管
2									XCB1-2	KA2	王×	业务主管
3									XCB1-3	KA3	王×	业务主管
4									XCB1-4	KA4	周×	业务主管
5									XCB1-5	KA5	姚×	业务主管
6					XMB2	中小客户组	王×	部门主任	XCB2-1	××分销站	李×	业务主管
7									XCB2-2	××分销站	陈×	业务主管
8									XCB2-3	××分销站	任×	业务主管
9									XCB2-4	××分销站	张×	业务主管
10									XCB2-5	××分销站	张×	业务主管
11									XCB2-6	××分销站	黄×	业务主管
12									XCB2-7	××分销站	肖×	业务主管
13									XCB2-8	××分销站	韩×	业务主管
14									XCB2-9	××分销站	刘×	业务主管
15					XMB3	外埠组	孙×	部门主任	XCB3-1	区域A	王×	业务主管
16												
17									XCB3-2	区域B	赵×	业务主管
18												
19									XCB3-3	区域C	李×	业务主管
20												
合计												

说明：1. 编码规则：

（1）B代表一级巴；MB代表二级巴；CB代表三级巴。

（2）销售巴在级别代码前加X；生产巴在级别代码前加S。

（3）一级巴和二级巴按自然数顺序编码同级别巴；三级巴按相应二级码自然数加后缀，编码同级别巴。

2. 各级巴负责人称为巴长。

3. 各级巴负责人由人力资源部建议审核，由总经理批准。

【示例4】

表5－4　××公司客户维度阿米巴明细表

序号	级别	代码	巴名称	业务范围	客户情况		销售产品		备注
					客户数量	客户名单	主要产品系列	主要产品种类	
1	一级	XB1	销售部						
2	二级	XMB1	KA客户组						
3		XMB2	中小客户组						
4		XMB3	外埠组						
5	三级	XCB1－1	KA1						
6		XCB1－2	KA2						
7		XCB1－3	KA3						
8		XCB1－4	KA4						
9		XCB1－5	KA5						
10		XCB2－1	××分销站						
11		XCB2－2	××分销站						
12		XCB2－3	××分销站						
13		XCB2－4	××分销站						
14		XCB2－5	××分销站						
15		XCB2－6	××分销站						
16		XCB2－7	××分销站						
17		XCB2－8	××分销站						
18		XCB2－9	××分销站						
19		XCB3－1	区域A						
20		XCB3－2	区域B						
21		XCB3－3	区域C						
22									
总计									

操作

填写阿米巴明细表。

第二步　制作总表

在第一步的基础上进行合并，就是公司的阿米巴明细表。

成果11　制作本公司阿米巴组织明细表

序号	级别	代码	巴名称	具体业务

第三节　阿米巴拆分或合并的方式

提示

本节内容需要熟练掌握，站在动态管理角度看待阿米巴组织的整合，不要求操作和形成方案。

在整个阿米巴的组织架构体系里面，经常会看到今天拆分、明天合并的情况，而它所有的拆分与合并都不会影响公司的组织管理。

阿米巴的拆分或合并分为两个方向：横向拆分或合并；纵向拆分或合并。

一、阿米巴组织的裂变

阿米巴的精髓在其裂变机制，即企业不会让阿米巴团队太大，稍微大一点就拆分成小团队。

阿米巴可以裂变孵化，向上和向下都可以无限延伸。当裂变孵化几次后，公司总部自然就在层级的上端了，这样就形成了多层级。我们根据裂变的层级会有相应的激励机制。

阿米巴平行裂变，即由 A→A＋B→A＋B＋C……阿米巴平行裂变是“分”，如按产品类别划分阿米巴，通过内生式发展和国内并购，形成多个相对独立的阿米巴单元，做精做强各类产品。

从企业整体发展角度来说，一定要鼓励阿米巴培育新业务，但当阿米巴内与原核心业务非相关的业务发展较快、预期成长性较高且耗用精力较大时，亦可以考虑将此非相关业务进行分拆，单独成立与原阿米巴平行的阿米巴组织，或在原阿米巴内设置产销一体的“微阿米巴”，以促进该业务的快速发展。

例如，企业市场部可发展为发展规划部、企划宣传部等，销售部继续裂变为若干个阿米巴单元（销售一部、销售二部）。企业裂变的过程其实就是在为企业人才提供舞台。这不仅是大公司解决自身危机的方式，也是解放员工创造力去为未来布局的好方法，有时候还能顺便减员增效。

企业导入阿米巴经营模式之后，也就变成一个经营平台。对于员工来说，如果你想创业，有能力创业，可以借助公司的平台进行内部创业，每个人都有可能成为阿米巴的经营者。

思考：阿米巴如何裂变？

二、横向拆分或合并

阿米巴的横向拆分或合并，如图 5 –4 所示。

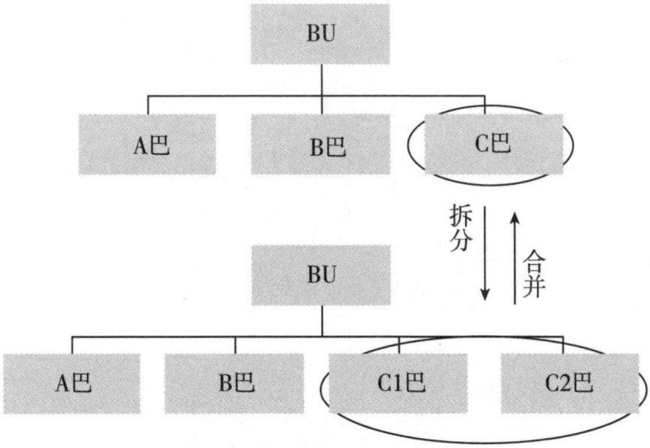

图 5 –4　横向拆分或合并

1. 阿米巴的横向拆分

我们看到，在上面那个阿米巴里面有一个 C 巴。那么拆分的时候，它就拆成了 C1 和 C2 两个阿米巴，即在上面那个组织架构里面，它的二级阿米巴有三个；在下面的组织架构里，它的二级阿米巴就有四个。其中两个就是由以前的 C 这个阿米巴拆分出来的。这种的拆分方式，就称为“横向拆分”如图 5 –5 所示。

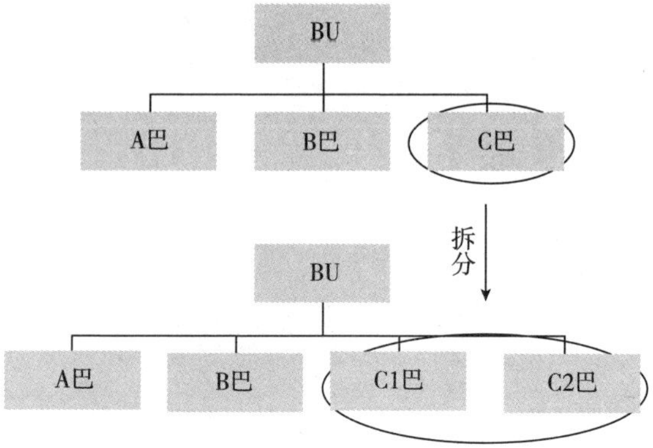

图 5 –5　横向拆分

2. 阿米巴的横向合并

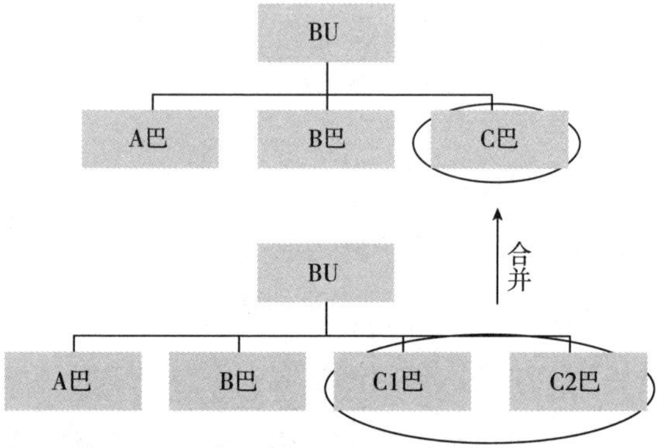

图 5 –6　横向合并

思考：阿米巴横向合并的逻辑是什么？

在图 5 –6 的组织架构图里面下面有四个二级阿米巴，反过来，上面就变成三个。因为上面的 C 巴是由下面的 C1 和 C2 这两个阿米巴合并而成的。

三、纵向拆分或合并

阿米巴纵向拆分或合并，如图 5－7 所示。

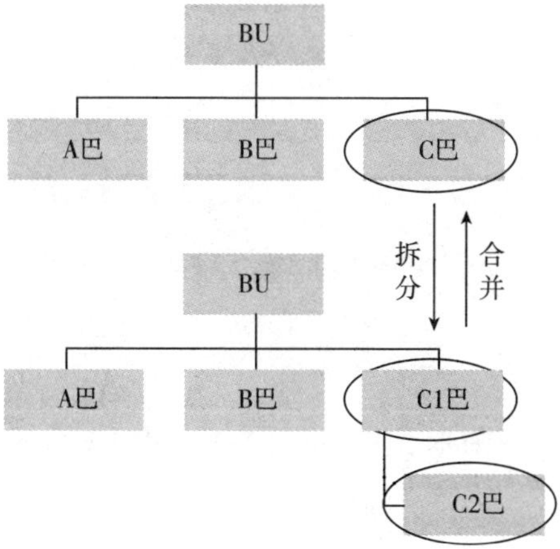

图 5－7　阿米巴纵向拆分或合并

1. 阿米巴的纵向拆分

在图 5－7 那个组织架构图上面，有一级和二级阿米巴；在组织架构图下面，就有了一个三级阿米巴，即 C2 就是从以前的二级阿米巴 C 拆分出来的。为了区别二级阿米巴里面的 C1 和三级阿米巴里的 C2，我们才编号 C1 和 C2。这个拆分就是纵向的拆分，如图 5－8 所示。

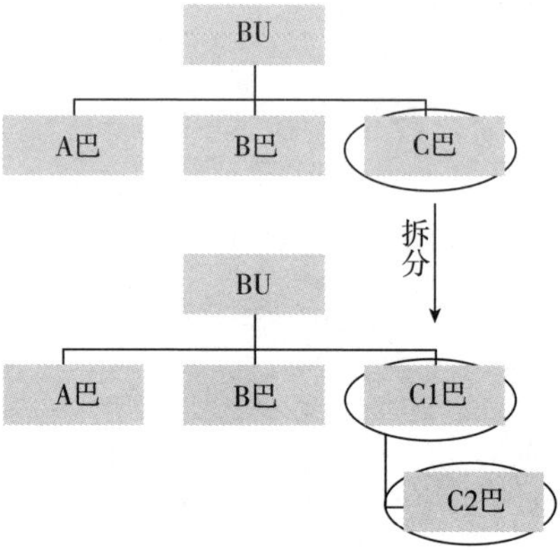

图 5 -8　纵向拆分

2. 阿米巴的纵向合并

我们把四级阿米巴 C2 和三级阿米巴 C1 合并起来，形成一个二级阿米巴 C，如图 5 -9 所示。

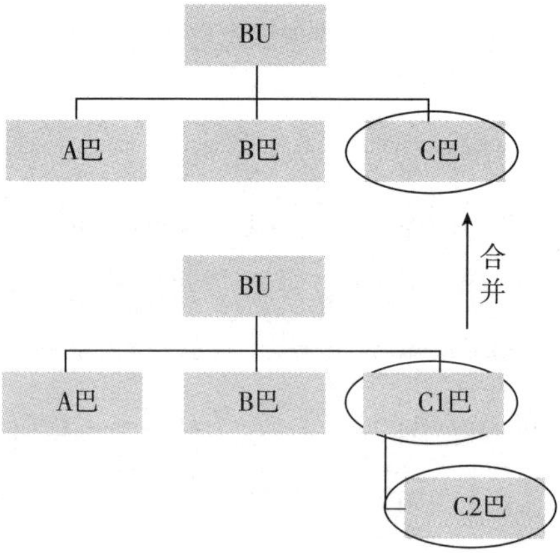

图 5 -9　纵向合并

四、纵向与横向的选择

到底是纵向好还是横向好？不能说好与不好，只有适合与不适合之分。

我们通过表5－5，来说明在什么样的情况下，横向拆分比较好，横向合并比较好；在什么样的情况下，纵向拆分比较好，纵向合并比较好。

思考：你的公司可以裂变出多少个阿米巴？

表5－5　阿米巴拆分或合并的情况

情况	拆分	合并
培养更多经营型人才	√	
需进一步明确经营状况	√	
需进一步寻找改善措施	√	
需进一步激发组织活力	√	
……	√	
培养更高层次的经营型人才		√
某巴亏损或巴长能力不足		√
……		√

五、阿米巴拆分或合并的运用

将企业看成一个大的阿米巴，然后不断拆分成若干个小的阿米巴，再不断拆分出更多阿米巴的过程，代表企业的规模不断发展壮大。

（1）按照产品、客户、区域、品牌、职能等维度划分一级阿米巴，贯穿研发、生产、销售。

（2）继续划分二级阿米巴，即拆分阿米巴后又新增了若干个阿米巴。可以是横向拆分，也可以是纵向拆分。

操作

将你公司的阿米巴拆分与合并。

第四节　阿米巴组织的整合

提示

本节内容需要熟练掌握，公司有相应需求的，可进行相关操作，不需要做出方案。

阿米巴经营的精髓在于运用利益独立核算的方式，进行自上而下和自下而上的整合，以全员参与和高度透明的经营方式培养员工的目标意识，最大限度地调动团队成员的积极性，并为领导人培养奠定基础。

“分”一定是手段，是表象；“合”才是经营的目的。阿米巴既可以平行裂变，也可以对上下级部门或上下级阿米巴进行整合，可以对平级部门或平级阿米巴进行整合。如图5－10所示。

一、阿米巴整合的依据

阿米巴整合，无论是对人员权限的界定，还是对组织架构的完善，都能够对企业整体的流程及效果起到一定的作用，可以达到提高工作质量及工作效率、快速反馈等目的。

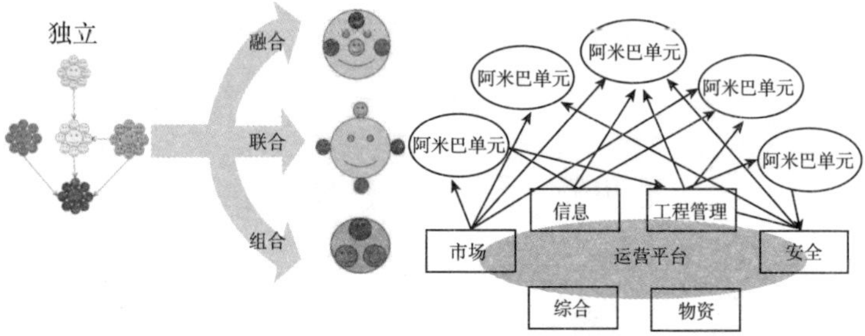

图 5－10　阿米巴组织的整合

无论是上下级部门或上下级阿米巴的整合，还是平级部门或平级阿米巴的整合，都要围绕企业对外部环境变化的快速响应进行。依据企业现存的环境，提出合理的实施方案，对实施方案进行评估，将评估中发现的问题进行优化和改进。

案例16

2015 年 2 月，百度公司为了聚焦移动互联，将现有业务群组和事业部整合为三大事业群组。百度调整的三大事业群为：移动云事业部和 LBS 事业部合并为移动服务事业群组；新业务群组、用户消费事业群组、国际化事业部合并为新兴业务事业群组；移动云事业部的搜索底层基础技术部门和移动搜索联盟业务并入搜索业务群组。

百度通过组织调整，业务进一步聚焦，效率大幅提升，在移动互联网时代为网民提供更好的服务。此次调整后，移动服务事业群组在百度的话语权进一步增加，直接影响百度的发展；同时，新兴业务事业群组的业务也有所扩大，百度在国际业务方面或有新的变化。

思考：百度为什么要整合事业群？

二、阿米巴整合的评估

为了发挥产业生态链的整合优势和协同优势，在新形势下抢占产品和利润的制高点，企业的业务协同需求已经日益明显和紧迫。

因此，及时调整业务策略，持续改进效率低下的业务流程，提高关键业务绩效，提高产品和服务的时效性，也成为时下企业的重要需求。盈利能力较差的阿米巴单元，就需要整合。

阿米巴整合也带来一定的经营风险：①新的组织结构必须适应企业文化；②新的阿米巴组织对外必须适应企业环境，提高竞争力；③由于阿米巴整合涉及员工的调动，必须维持企业内部稳定；④阿米巴整合会增加企业的管理成本。

案例17

广东某电气企业是柏明顿的阿米巴咨询客户。2015年7月，广东某电气企业为了应对激烈的市场竞争，内部酝酿将盈利能力较差的事业部进一步整合，直接从量上压缩。整合后，相关事业部负责人会到各地分行履任新职。整合调整的基本思路是保持存量，更为注重成本控制、风险管理。在拓展客户结构层面，逐渐改变过去过于侧重小微企业的方式，而是要探索大、中、小客户的均衡发展，改变目前只抓小客户，把大客户扔在一边的情况。

当然，事业部制也并非全盘推倒。该公司此次内部改革方向仍为大事业部，但一些发展较好的行业事业部应该会保留。该公司已经成立战略客户事业部，由总部直接管理，覆盖具有行业核心地位的重要客户，分行负责在配套业务上进行落地。未来事业部继续改革，分为大客户事业部和中小客户事业部。

思考：阿米巴为什么要整合？

三、阿米巴整合操作

目标：

（1）使各阿米巴走专业化道路，突出核心阿米巴的优势，节约管理成本；

（2）保证各阿米巴彼此协调配合，提高组织、员工的办事效率；

（3）提高企业竞争优势，最终实现企业愿景。

思路：

阿米巴的整合包括阿米巴合并、拆分与优化，可能多种形式同时存在，具体情况根据企业所处环境而定。

方法：

制订详细、明确的整合计划。

（1）对企业所处的内外环境做客观的分析；

（2）针对不同的阿米巴制定几个完整、可行的方案；

（3）选择最优方案并确定其为最终的整合计划；

（4）尽量将风险降到最低。

操作

进行阿米巴整合操作。

四、阿米巴组织的撤销

企业根据战略调整，根据全产业链的布局，设立一个阿米巴单元，但也会根据市场需求和经营状况撤销一个阿米巴单元，即一个阿米巴组织根据企业战略需求，进行动态调整。

1. 阿米巴组织的解散事由

阿米巴组织有下列情形之一，可以解散。

（1）阿米巴单元营业期限届满；

（2）股东会决议解散；

（3）因阿米巴组织合并或者分立需要解散；

（4）依法被吊销营业执照，责令关闭或者被撤销；

（5）股东会依照公司法的规定予以解散；

（6）经营管理发生严重困难，继续存续会使股东利益受到重大损失，通过其他途径不能解决的，可以解散阿米巴组织。

2. 阿米巴组织的撤销变更登记

企业决定撤销阿米巴组织之后，阿米巴组织应当向公司董事会申请撤销变更登记。

3. 阿米巴撤销之后的清算

阿米巴组织按照规定解散时，应当在解散事由出现起十五日内成立清算组对阿米巴进行清算。

清算结束后，清算组应当制作清算报告，报股东会确认，并报送公司登记机关，申请注销阿米巴组织登记，公告阿米巴组织终止。

操作

撤销阿米巴组织。

案例18

2014年7月，腾讯微博事业群宣布解散。战略性的牺牲成就了微信的江湖地位！

腾讯宣布网络媒体事业群将深入布局媒体全产业链。这一战略调整方案宣告了微博业务被腾讯战略放弃。

腾讯微博的失败主要在定位上。腾讯微博的用户庞大但是较杂，许多四线以下城市和低收入人群同时有QQ和腾讯微博，但没有需求也根本不用腾讯微博，因此腾讯微博的推广、营销价值较小。这也这是腾讯微博事业部被撤销的主要原因。

思考：腾讯微博事业部为什么撤销?

第五节　阿米巴组织升级

提示

本节是阿米巴组织建设的延伸和拓展，要求了解即可，不需要做出方案。

一、战略阿米巴

1. 含义

战略阿米巴指咨询顾问进驻企业内部，通过深度调研、拟定落地方案、主持项目研讨、培训操作以及辅导落地实施等方式，在完成企业战略规划、重新设计企业组织架构、优化项目核心流程等任务的基础上，导入阿米巴组织划分、阿米巴经营会计以及阿米巴人才激励三大核心模块，以确保阿米巴经营模式能够为企业产生巨大的效益。

2. 适用对象

业务较复杂，且不断升级的大中型企业。

3. 要件

战略阿米巴的构成要件与功能见表 5－6。

表 5－6　战略阿米巴要件与功能

要　件	企业收益	导入后变化
企业明确发展方向，制定竞争策略，帮助企业拓展产品或服务的营销通道与营销方式	提高销售收入，进而把企业带入快速增长的蓝海领域	一批综合素质较高的人才将脱颖而出，并且还在不断地裂变与培养，为企业源源不断地提供具有经营意识的人才
根据企业战略重新设计组织架构、优化运作流程	使企业高效、稳健地运作，彻底解放企业生产力、解放老板	
企业导入战略阿米巴后，鼓励原来只对内交易的部门有条件地对外营业，迅速裂变出多个营利单位	最大限度地提高企业的利润；促使企业再次进入良性的快速发展阶段，员工的积极性、主动性空前高涨，回到老板创业初期的状态	

操作

向战略阿米巴升级。

二、平台阿米巴的设计

1. 什么是平台阿米巴

平台阿米巴是指咨询顾问进驻企业，通过深度调研、拟订方案、主持研讨、培训操作、辅导实施、协助整合企业内部外部资源等方式，把核心资源打造成企业平台，将现有的和未来的各项业务通过阿米巴经营模式有条件地结合员工内部创业，最终实现把企业做成平台、把平台做成阿米巴、把阿米巴做成合伙制的创新与稳固并存的经营模式，如

图5－11所示。

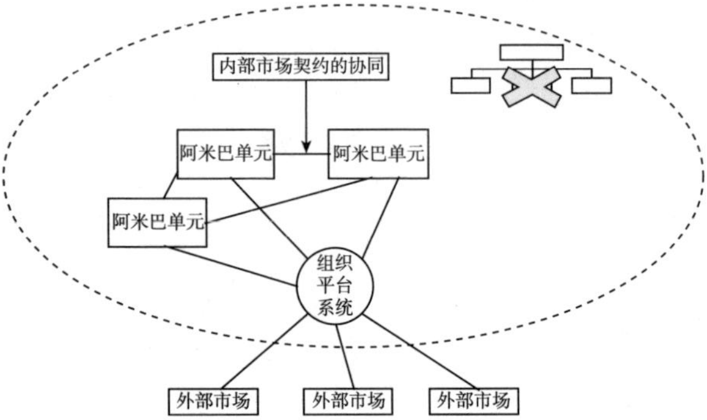

图5－11　平台阿米巴

2. 适用对象

业务多元化的集团型企业。

3. 要件

平台阿米巴的构成要件与功能见表5－7。

表5－7　平台级阿米巴要件与功能

要　件	企业收益	导入后变化
总部平台掌握核心资源，并通过强化核心资源不断地吸引新的人才和新的业务	帮助企业组建一艘商业航母	最大限度地提高企业的抗风险能力，具备打造百年老店所必要的各项基石
集团每个业务单元都采用阿米巴经营模式，共享平台资源	既能发挥大公司的资源优势，又能体现小公司的灵活性，极大地提高集团的对外竞争力	
平台阿米巴通过股权激励、众筹以及内部创业等方式激励员工	促使一大批优秀的产业人才保持与公司的长期合作与发展	
推动公司与老板从传统的经营产品升级为经营资本、经营品牌、经营人才	完成企业的全面升级与华丽蜕变	

操作

设计一个平台型组织结构。

三、"飞天式"阿米巴的设计

"飞天巴"是阿米巴的一个独特的类别，是柏明顿顾问团队在阿米巴咨询实践过程中构想出来的理念。"飞天巴"是基于主营业务对客户提供服务的连贯性，尝试成立一个贯穿主营业务全流程的阿米巴组织。

案例19

客户背景：佛山某互联网马赛克公司是一家从事B2B平台运营并提供搜索引擎的互联网公司。公司B2B运营模式跟阿里巴巴一样，按行业的综合实力，应该排在前五名。但互联网时代的特点是：只认老大！因而并没有多少人知道这家公司在B2B平台方面的贡献。

基于互联网时代电商公司资源高度集中的特点，该公司除运营B2B平台外，还有一些其他业务，如网络游戏；与一些互联网大公司（BAT等）合作一些项目；同时，也针对公司平台上的一些资源，二次开发一些新的项目。

该公司虽然是一家互联网公司，但业务方式仍然较传统，由大批的业务人员通过网络或电话的方式获得客户，然后让客户成为公司会员，为客户提供各种业务推广的服务。

一、组织及业务分析

（1）公司主营业务。在流程上分成三个独立部门，分别为客户提供服务。第一个业务部门寻找客户，并让客户在B2B平台上试用推广效果；第二个业务部门负责将试用效果良好的客户转化成年费客户；第三个业务部门负责将年费客户升级成为公司的VIP客户。

（2）现行的其他业务模块比较独立，且都是与其他公司合作的项目。

（3）公司未来准备开发客户资源（平台上有几百万的客户数量）并作为战略性项目。

二、“飞天式”阿米巴的设计过程

（1）以业务模块和产品为维度，划分一级巴单元：主营业务模块巴；合作项目模块巴；战略性项目巴。

（2）主营业务模块巴再次划分：

以价值链为依据，分成一部、二部、三部共3个二级巴，分别负责价值链上一个阶段的流程操作；基于主营业务对客户提供服务的连贯性，尝试成立一个贯穿主营业务全流程的巴，即“飞天巴”，此巴可同时进行一部、二部、三部的销售和为客户提供全过程的服务。

主营业务的4个二级巴，同时并行两种运营模式，相互竞争也相互补充。

(3) 合作项目模块巴按业务形态特点，不再往下细分阿米巴组织。

(4) 战略性项目巴作为二次开发公司资源的未来项目，暂时形成一级阿米巴组织，不往下细分，待成熟运行后，再分二级和三级阿米巴组织。

三、组织划分后的结果

在公司内部形成了良性竞争关系；厘清了三种不同类型的业务模块；为公司战略方向及发展提供了组织保障。

操作

练习设计一个“飞天式”阿米巴。

四、“卫星式”阿米巴的设计

阿米巴单元划分的平台化、卫星化，是柏明顿顾问团队在咨询项目实践中独创的概念。

案例20

客户背景：该公司是一家从事建材网络销售的公司，并且在不同的电商平台上都有网店。公司员工不到一百人，员工都非常年轻，平均年龄不到25岁，是一个非常有朝气的团队。公司在创立的前几年，发展非常迅速，业务量也呈倍数增长，甚至在创业第二年便获得了某一电商B2B平台上细分领域某一产品销售的年度冠军。随着互联网的高速发展和电商行业竞争的日益激烈，公司的业务慢慢呈现增长缓慢的现象，各种管理问题慢慢凸显出来，人员流失率也越来越大，部分核心成员对公司表现出不满，甚至有离开的念头。

一、组织现状诊断与调研

柏明顿顾问团队对该公司的组织进行全面诊断和调研后，发现该公司的组织有以下特点：

（1）公司没有清晰的战略。因为电商行业的发展快，公司只忙于业务的发展，对公司未来的规划、市场定位及产品的规划没有明确的思路和方向。

（2）组织职能重复而不高效。虽然该公司是一家互联网的电商公司，但组织的构成比较僵化。公司以店铺为单位，每个店铺下有相应的职能和组织：客服职能（客服人员负责销售和售后服务）、运维职能（负责该店铺网站的建设及维护）、推广职能（负责该店铺产品的推广及网店页面的宣传）、设计职能（负责将公司产品形成静态页面或三维图并上传到该店铺的网页上）等。

（3）对一个店铺的店长要求非常高，既要懂营销，又要懂设计，还要懂运维……必须是一个非常全面的人，甚至比老板还能干的人才胜任此岗位。

二、"卫星式"阿米巴的设计方法

1. 平台化。

将销售和客服职能独立出去，余下的职能（设计职能、推广职能、文案职能、运维职能等）加上物流和仓储等职能集中到一个平台上，形成一级巴，即设计巴、推广巴、运维巴、文案巴、物流巴、采购巴等。这些巴与各店铺形成交易关系，为各店铺提供各种个性的服务，将原来各店铺的专业人员集中起来。一则有利于提高公司运营的专业能力；二则减少店铺的冗员，提高工作效率。这个平台负责公司所有店铺的运营工作。

2. 卫星化。

各店铺只保留两个核心职能：一是产品销售职能；二是客户服务职能。将店铺的职能单一化的优点：店铺一心一意做销售；对店长的要求大大降低；对店铺的业绩衡量更简单有效；店铺的岗位和人员大大减少。各店铺像卫星一样，在运营的平台周围运行，如图 5－12 所示。

3. 人力资源部和财务部等职能部门暂不成巴，但是产生的费用按不同的维度都分摊给各级阿米巴单元。公司对这两个部门实行计划和费用目标相结合的考核方案。

三、划分后的结果

公司整体人员减少了近 30 人；店长的激情高涨；各专业运维部门的价值能有效衡量。

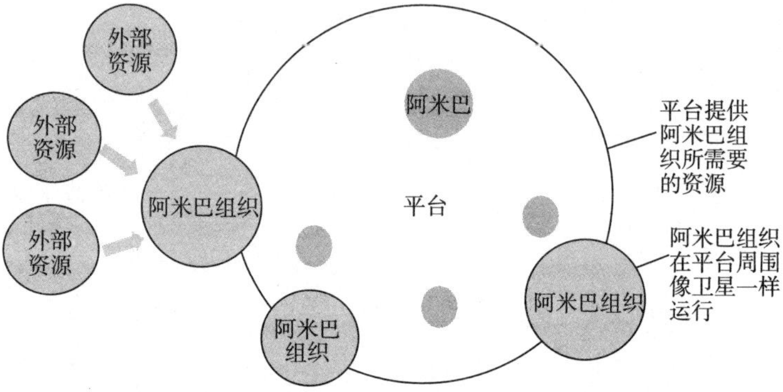

图 5-12　“卫星式”阿米巴

操 作

练习设计一个“卫星式”阿米巴。

阿米巴经营会计
AMOEBA

第六章

阿米巴组织的运行

在运行体制上，阿米巴单元拥有广泛的经营自主权，但只有在公司统一发展规划、发展战略的框架下谋求自我发展，才是实行阿米巴经营的目的。在企业的功能分配上，有些功能要由公司总部负责，有些要由阿米巴单元来负责。

阿米巴高效运行，在确保公司整体利益的前提下，增强各阿米巴的自主性、积极性，长期保持企业的活力和发展。

本章目标

1. 了解：阿米巴组织的运作机制。

2. 掌握：阿米巴权利梳理。

3. 掌握：巴长选拔与确认。

4. 了解：阿米巴推进组织。

形成成果

1. 阿米巴组织的权限明细表。

2. 阿米巴巴长的选拔、任职资格要求、任期与退出机制。

3. 阿米巴推进委员会及章程。

第一节 阿米巴组织的运作机制

阿米巴组织结构是以企业总部与阿米巴组织之间的分权为特征，由作为投资中心的总部、作为利润中心或成本中心的阿米巴组成，不同的管理层面承担不同的企业功能，为实现企业的目标而协调工作。

第一，在职能方面进行切分。阿米巴组织共性的事项，设定一个部门来完成。公司总部主要负责与企业长远发展有关的战略问题、阿米巴巴长人选以及阿米巴经营的监督和控制。战略性的问题包括企业发展方向的选择、企业核心能力的培养、投资决策、产品开发、经营地域的界定、重大技术革新、全局性的新市场拓展、企业的财务资产结构、阿米巴业绩评定和奖惩等。

阿米巴单元在自己所属的市场或地区内，在企业的发展战略规划下，最大限度地占领市场，谋求自我发展。阿米巴单元的功能包括：本阿米巴发展战略的制定、日常经营管理、产品的实际销售、产品的质量控制、营销策略的制定和实施、产品生产原材料的采购等。有些功能和资源由于其共性，各阿米巴单元可共享。

第二，在运行体制上，阿米巴单元拥有广泛的经营自主权，但只有在公司统一发展规划、发展战略的框架下谋求自我发展，才是实行阿米巴经营的目的。在企业的功能分配上，有些功能要由公司总部负责，有些要由阿米巴单元来负责。

阿米巴单元对所属产品的研发、制造、销售、服务等有高度的自主权。按产品、客户细分市场，从阿米巴巴长到各部门人员缩短管理跨度，力求快速响应市场。

第三，在阿米巴组织结构上，采用巴长负责制的扁平化管理，缩短内部管理链条，强调速断速决、快速反应和工作流程的高效率，对各项规定和领导的指令不打折扣地服从、执行，业务流程细化、程序化，按流程节点设岗定人，每个岗位、每个人都具有不可替代性。

第四，在内部管理上，用最简单也最适用的表格化管理模式，紧紧围绕着集团的战略目标，从财务、客户、内部流程及创新四个角度对阿米巴内部各项管理目标进行细化分解，研究目标实现的瓶颈，持续改进、持续提高。各阿米巴之间可以是互相独立的关系，但是更多是通过公司政策的调节来影响彼此的关系。

第五，在机制上，在对阿米巴的绩效考核项中，做到贡献同奖金收入挂钩，以便有效地调动阿米巴单元的积极性。发挥出阿米巴单元经营灵活、适应能力强，效率高、反应迅速，专业化程度高、有利于局部层面快速发展的特点。

但阿米巴在运营过程中，考虑问题往往从本部门利益出发，注重短期绩效，容易造成忽视集团公司的整体利益的问题。由于阿米巴单元在生产、经营以及人事方面有一定的自主权，同时也容易产生本位主义，所以对阿米巴单元进行监督和控制，使其与企业的发展战略相一致。

阿米巴经营解决的问题：如何在公司整体利益的前提下，增强各阿米巴的自主性、积极性，长期保持企业的活力和发展？

思考：在移动互联网+新生代员工的背景下，阿米巴组织如何高效地运行？

第二节　阿米巴权利梳理

阿米巴单元划分之后，组织也进行人事权限、财务权限和业务权限的划分。

所谓分权，就是企业为发挥阿米巴组织的主动性和创造性，而把生产管理决策权分给下属阿米巴组织，企业领导层只集中少数关系全局利益和重大问题的决策权。

由于阿米巴组织自主经营、独立核算，业务决策者转变为一个小组，所以组织的决策由这个小组成员共同做出。

一、阿米巴分权与传统分权模式比较

在传统经济时代，以“正三角”（金字塔形）为代表的集权式组织结构，是指领导位于权力层顶端，统筹规划所有事项，自上而下地下达指令，员工再自下而上地完成任务。内部拥有等级森严的层次体系，形成流程式分权，以控制为导向，工作指令在层级之间上下传递、部门间传递，权力分散、模糊，效率低下，没有人对结果负责。

而阿米巴分权，增强阿米巴的自主性，让经营负责人来做决策，一线自主裁量权适度放开。权利与责任对等，谁对结果负责，谁决策；谁决策，谁对结果负责。以客户为导向，

以有利于高效率、提高满意度为原则授权。

阿米巴分权模式与传统分权模式的区别如图 6－1 所示。

阿米巴分权	传统分权
①自主性：让经营负责人来决策，一线自主裁量权适度放开。 ②权利与责任对等：谁对结果负责，谁决策；谁决策，谁对结果负责。 ③以客户为导向：以有利于高效率、提高满意度为原则授权。	①业务线等指令，被动执行：以不出错为原则；员工是只有手脚没有头脑的执行者。 ②权限集中：上级说了算，一把手决策，分管领导把关。 ③流程式分权：以控制为导向。工作指令在层级之间上下传递、部门间传递，权力分散、模糊，效率低、没有人对结果负责。

图 6－1　阿米巴分权与传统分权

案例21

京瓷公司的阿米巴组织结构不是在事业部制组织结构的基础上发展起来的，而是在职能部门制组织结构的背景下，作为营业部和制造部的下一层级组织演变而来的。

京瓷的组织结构具体分为：经营管理部、利润中心和非利润中心。经营管理部进行总体战略的制定，利润中心和非利润中心则具体负责经营管理。利润中心作为营利性事业组织，而非利润中心作为非营利性事业组织。各利润中心之间是交易结算关系，非利润中心与利润中心是分摊结算关系。

京瓷公司内创建多级阿米巴进行层级管理，一般为三级。三级阿米巴需建立每日核算报表，并及时传送至二级阿米巴加以汇总；二级阿米巴需建立每周核算报表，并反馈给一级阿米巴进行汇总分析。

京瓷公司阿米巴也有分权，主要是人事权、财务权和资材权，具体内容如图6－2所示：

人事权	·巴内独自调配人员，年度用人计划 ·其他巴直接进行人员调动 ·巴长对巴内人员进行评价、晋升推荐、奖金系数评定
财务权	·其他巴之间直接进行费用移动 ·计划内使用费用（出差费用、采购费用等）
资材权	·计划内进行固定资产投资/固定资产废弃 ·其他巴直接进行固定资产转移、调配 ·不良品的废弃处理

图6－2　京瓷公司阿米巴分权

二、阿米巴分权注意事项

阿米巴分权，主要有三个注意事项：分权与控制平衡；从业务需求出发；以控制标准为基础。

首先，分权并不代表公司上级不用管了，而是进行“事前—现场—事后”管理。分权也不是放任自流，而是进行透明化经营、透明化分权，在受监督的条件下用权。

其次，从业务需求出发。自上而下列清单，下面能做好的尽量放权，将原上层级职能向下级业务单元下沉，提升业务一线服务效率。

最后，以标准制度为基础。职能工作的决策方式，以一线决策为主，将原来的一事一审批，变为事前定制度、定标准，事后评价结果。

三、阿米巴分权条件

阿米巴分权条件，主要是标准清晰、监控到位和管理文化。

首先，标准清晰。战略目标、经营决策、制度等标准要明确。其次，监控到位。建立科学的监控体系，各职能部门的监控职能，具有专业指导能力。最后，企业要建立信任与容错的文化，鼓励阿米巴单元积极拓展业务。

思考：在阿米巴组织中，哪些权限可以下放，从而使阿米巴单元更高效地经营？

成果12 各巴组织人事权限明细表

权责项目		业务部门		职能部门					决策层			备注
		生产巴	销售巴	人力资源中心巴	运营中心巴	营销中心巴	财务资金巴	研发中心巴	总经理	常务副总经理	董事长	
组织设计和编制	一级巴长岗位设置											
	二级巴长岗位设置											
	三级巴长岗位设置											

续表

权责项目		业务部门		职能部门					决策层			备注
		生产巴	销售巴	人力资源中心巴	运营中心巴	营销中心巴	财务资金巴	研发中心巴	总经理	常务副总经理	董事长	
人员管理	一级巴长											
	二级巴长											
	三级巴长											
薪酬管理	一级巴长											
	二级巴长											
	三级巴长											
绩效考核	一级巴长											
	二级巴长											
	三级巴长											
请假	一级巴长											
	二级巴长											
	三级巴长											
	巴员											
出差	国外出差											
	国内出差											

成果13　各巴财务权限明细表

权责项目		业务部门		职能部门					决策层			备注
		生产巴	销售巴	人力资源中心巴	运营中心巴	营销中心巴	财务资金巴	研发中心巴	总经理	常务副总经理	董事长	
财务管理	公司年度财务预算											
	月度资金计划											
现金借款	借款单次/笔1万元以下											
	借款单次/笔1万~5万元											
	借款单次/笔5万元以上											
费用支出	业务招待费											
	差旅费											
	职工教育经费											
四费	预算内费用、薪酬福利											
	预算外2万元/月											
	预算外1万元/月											
工资/社保	总监级及以上人员定薪											
	月度奖金××万元以上											
	月度奖金××万元以下											

成果14 各巴业务权限明细表

权责项目		业务部门		职能部门					决策层			备注
		生产巴	销售巴	人力资源中心巴	运营中心巴	营销中心巴	财务资金巴	研发中心巴	总经理	常务副总经理	董事长	
销售管理	公司年度销售目标预算											
	部门年度目标预算											
	销售合同审批权											
	定价及价格调整建议权											
采购权限	供应商考察筛选											
	供应商名单确定											
	采购合同审定											
收支权限	单次支出两千元以上											
	单次支出五千元以上											
	单笔预借两千元以上											

续表

权责项目		业务部门		职能部门					决策层			备注
		生产巴	销售巴	人力资源中心巴	运营中心巴	营销中心巴	财务资金巴	研发中心巴	总经理	常务副总经理	董事长	
工作计划	三级/专项计划：销售回款工作											
	二级计划：重点方案及事项											
	一级计划：集团总部各职能工作											
考核激励	阿米巴奖金分配建议权											
	巴长对所属成员的即时激励权（500 元以内）											

第三节　阿米巴单元实施计划

从阿米巴职能定位上看，阿米巴单元最终应成为利润中心或者成本中心。在公司总体战略指导下，负责制定业务层次的竞争战略，确定具体的实施计划和方案；统一规划、协调、管理和指挥本阿米巴内的生产、研发和营销活动，对利润和回报率负责；及时向总部反映市场变化信息，积极配合总体战略计划的制定。对阿米巴单元赋予必要的权利，包括：业务层次竞争战略的制定权；阿米巴内部的生产经营自主权，一定限额的决策权和预算审批权，阿米巴内的人事任免和奖惩权等。

参照柏明顿咨询成功案例的做法，将责权划分进一步细化深入每个岗位，可通过编制统一的授权手册或与各级人员签署意向书，明确每个岗位（职位）的任务、责任和权限等。

在阿米巴单元实施计划上，参考某制造型企业的案例，说明在公司整体价值链上，哪些部门可以实施阿米巴计划，哪些暂缓实施阿米巴计划。

如图 6 – 3 所示，研发部门现阶段体系和职能都尚未健全，暂时不适合以利润巴或预算巴的形式运作。工艺技术的职能下放到产品事业部的生产巴。

采购部门目前主要的职能依赖高层完成，不能独立设立阿米巴，部分职能下放到生产巴。

生产和营销部门可以完全独立成巴，以成本制和利润制形态运作。

财务、人力资源、后勤等职能部门，基础的预算制运作尚未实施，特别是人力资源部的功能还未上升到一定高度，等职能运作完善后再行成立。

> *思考：你公司的整体价值链上，*
> *哪些部门计划设立阿米巴？*
> *哪些部门暂缓设立阿米巴？*

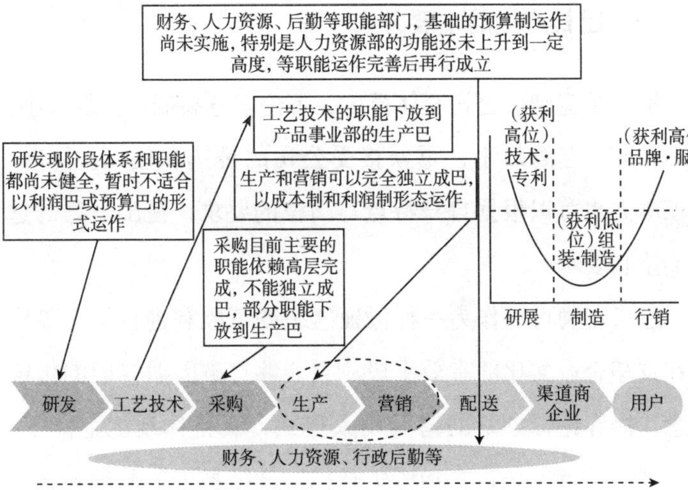

图6－3　某公司整体价值链

第四节　巴长选拔与确认

巴长选拔，主要是根据人力资源规划和职务分析的要求，寻找、吸引那些既有能力又有兴趣到阿米巴单元任职的人员，并从中挑选出适宜人员予以录用的过程，以确保阿米巴经营各项活动正常进行。巴长选拔与确认是阿米巴其他各项活动得以开展的前提和基础。

一、巴长产生的主要方式

第一是竞聘。公司全体员工，不论职务高低、贡献大小，都站在同一起跑线上，重新接受公司的挑选和任用。同时，员工本人也可以根据自身特点与岗位的要求，提出自己的选择期望和要求。

巴长竞聘可以作为一种保证组织变革顺利进行的必要措施和重塑企业文化的有效手段。它能够打破因循守旧的传统观念，摒弃论资排辈的落后用人模式，真正体现能上能下、优胜劣汰的市场化观念和竞争意识，鼓励员工不断创新，实现自我提升，为组织注入新的活力，同时强化员工的使命感与责任感。

为了保障巴长竞聘工作的顺利进行，可以成立专门的

“竞聘专家评审组”和“竞聘工作组”。

第二是聘任。公司根据阿米巴单元的需要和职位要求，采取签订聘用合同或发放聘书的办法，聘用某些工作人员，在规定的期限内担任巴长职务。一旦公司与被聘人员签订合同，即建立了聘用契约关系，这种关系体现在聘用合同规定的责、权、利中，并具有相应的约束力。聘用期满，双方契约关系即告结束。

二、巴长基本条件

巴长的基本条件，是懂业务，会带团队，具有经营意识和能力，做事情有激情、主动担当。要求巴长懂业务，也要懂现代人力资源管理。比如财务中心巴长，履行完成成本核算、预算管理、税务统筹等职责，这叫懂业务；巴长还要懂得带团队做好业务工作，完成整个阿米巴的业务目标。如果个体是英雄（精通业务），让这个英雄去带团队，团队却显得平庸，那这个英雄也不适合做巴长。

思考：巴长产生的两种方式，你更倾向于哪一种？为什么？

成果15 阿米巴巴长选拔与确认

巴单元	巴长人选来源	巴长选聘方式（竞聘/任命）	巴长
生产			
采购			
省区巴			
技术研发			

成果16 巴长任职资格要求

（　　）巴长任职资格要求				
基本要求	学历		专业	
	年龄		性别	
经验	工作经验			
	行业经验			
	职位经验			
知识	基本知识			
	专业知识			
能力	业务能力			
	经营管理能力			
素质				

成果17 巴长任期与退出机制

（　　）巴长退出机制	
巴长任期	巴长可以实行任期制，建议1～3年为一个任期
试用周期	6个月
退出条件	1. 试用期未达利润目标的（　　）%，考核周期未达到巴利润目标（　　）%，且50%的月份在月度排名均处于倒数（　　）名以内的巴长 2. 巴长任期届满可以连选连任，没有连任者自动解除职务
退出路径	1. 本级巴内部调剂 2. 上一级巴内部调剂 3. 公司内部调剂

第五节　阿米巴推进组织

在企业不断变化的业务环境中，企业也转向阿米巴组织架构，阿米巴经营模式便成为企业主要的战略转型。为保障阿米巴单元顺利划分、阿米巴经营成功落地，公司需要建立阿米巴推进委员会，并公布委员名单，公司中高层领导和巴长都位列其中。

阿米巴推进组织的职责。阿米巴推进委员会的主要职责：及时统筹推进阿米巴组织实施、监督和考核相关工作。按月度部署行动推进的重点任务，并协调推动各阿米巴工作落实，适时调整各项目标、行动内容等。

阿米巴推进委员会的会议制度。阿米巴推进委员会根据工作需要定期或不定期召开会议。如果是全体会议，由阿米巴推进委员会委员长召集。部署年度重点任务，总结工作进展，研究讨论阿米巴经营战略等重要问题。

思考：阿米巴推进组织如何解决阿米巴模式落地难的问题？

成果18 阿米巴推进委员会及章程

目的

为了更好地组织和实施公司阿米巴项目计划，推进公司阿米巴工作，经研究决定成立阿米巴项目推进委员会。

范围

适用于推进公司阿米巴经营模式落地实施。

委员会成员名单

序号	委员会职务	姓名	现任职务
1	委员长		
2	秘书长		
3	委员		
4	委员		
5	委员		

待阿米巴组织划分确定并选出巴长后，巴长自动进入委员会成为委员。

委员任职期限

1. 从公布之日起，至阿米巴推进完成止；

2. 任期内若有委员离职或不再胜任委员资格者，由秘书长提议是否补充人员及补充者姓名，交由委员长批准生效。

委员会成员分工及主要职责

序号	委员会职务	姓名	主要职责及权限
1	委员长		任命阿米巴巴长人选 批准各级巴年度经营目标与财务预算 批准各级巴个人报酬及团队奖励计算方式 批准各级巴长授权范围与程度 决策巴与巴、巴与其他部门对接事项与流程 调配其他部门的资源支持与配合巴的需要 组织每月一次的委员会议
2	秘书长		A. 召集例行或临时性委员会议并负责会议记录和存档 B. 全面协助委员长调配资源与决策事项 C. 跟进和落实会后实施事项，并及时向委员长报告
3	委员		提供阿米巴咨询项目过程中所需要的财务数据 提供巴利润核算方式及成本和费用细分科目 对巴的资产、运行中的财务数据进行监督、审计
4	其他委员	（略）	提供各自职务范围内的资源给予支持和配合 参与讨论过程中的委员决策事项
5	阿米巴委员	各巴巴长	每月定期向委员会作工作报告 主动提出阿米巴推进中的资源需求和寻找支持 决策授权范围内的事项 接受并配合监督审计工作

委员会运作规程

1. 委员例会

（1）会议时间和组织：委员例会每月一次，时间固定在每月初召开（由秘书长确定具体时间并发通知）。会议由秘书长组织和主持。

(2)会议议程包括但不限于以下内容：

a. 讨论、审议、决定阿米巴组织的重大机制、制度、规程等（如业务范围增减等）；

b. 质询各阿米巴组织的工作报告；

c. 讨论和确定各阿米巴组织提出的资源需求。

2. 委员临时会议

(1)委员临时会议按需要召开，由秘书长负责召集和组织，委员长可选择性参加会议；

(2)讨论、审议各阿米巴与集团各部门之间日常运作中对接的资源配合、制度、流程等；

(3)其他需要提交委员会议讨论和决策的事项。

3. 会议规则

(1)会议前由秘书长将会议议题、需要提前审阅的资料发给相关成员；

(2)相关成员请在会议前准备需要发言的意见或提前抄送给秘书长；

(3)因故不能出席会议的成员需提前向会议组织者——委员长通信请假；若需委托代理人出席，需征得会议组织者同意；未出席会议者视为对会议决策认同，会后不得以任何借口拒绝执行有关决议；

(4)对会议有争议的部分，与会人员采用民主（举手）方式进行表决，原则上超半数同意即通过决议。

4. 会议记录

（1）每次会议后三个工作日内，秘书长将会议记录交与委员长审核后抄送给各成员；

（2）会议记录保存三年。

附则

1. 本运行制度由人力资源部拟定、阿米巴项目组审议、总经理批准后执行。修订程序亦同。

2. 本规章由人力资源部负责解释。

3. 本规章自颁布之日起执行。

批准人（签名）：

日期：

附　录　阿米巴案例

柏明顿“阿米巴”咨询项目成功案例之一

A集团公司是柏明顿的客户，该集团公司2006年全面切入开关电源领域，主要用于电动工具、通信设备、家用电器、医疗设备等。

一、问题现象

经常不能及时交货，质量不能满足客户要求，以致几个日、韩大客户一度中止订单。

一旦出现交期、质量问题，销售责怪生产、生产责怪采购、采购责怪财务，相互推诿。

原材料、在制品、成品库存积压严重，保质期过后只能作呆滞料处理，浪费惊人。

无论是对外的NPI或NMI，还是对内的各项申请、审批，流程都无比复杂，人浮于事。

二、原因分析

公司现行的是集权的职能中心制，如研发中心、制造中心等，凡事都集中在老板这里。

老板请来不少“高手”，但都只负责某个职能，反而个个都很牛，彼此协调非常困难。

责任与目标不明确，个个都是对“做了”负责，只有老板是对“做的结果”负责。

没有发挥员工的主人翁精神（在这种机制下也无法发挥）去开发新品、新市场、新客户。

三、解决方案

1. 战略梳理

梳理公司战略，运用SWTO分析判断开关电源等公司现有产品的市场发展与竞争状况。

研究同行标杆企业（国内、国外各选一家），进行差异分析，提出公司竞争策略。

2. 组织变革

将原有“金字塔”式职能制架构转变成“扁平化”的事业部架构。

定位总部公共职能中心，强化各事业部经营考核指标（非管理指标），实行集团管控。

3. 阿米巴单元划分

总部职能中心、各个事业部作为一级阿米巴。

总部职能中心分为人资、财务、物业开发、研究、运管、总办六个一级阿米巴。

事业部又分为成品阿米巴（直接对外销售）五个、部件阿米巴五个，共十个一级阿米巴。

成品阿米巴内部又按研发、销售、生产、经营支持、后勤服务裂变为五个二级阿米巴；生产又按车间、工段裂变为若干个三级阿米巴；销售按客户或区域裂变为三级阿米巴。

部件阿米巴内部又按生产、生产支持、后勤服务裂变为三个二级阿米巴；生产又按车间、工段裂变为若干个三级阿米巴。

4. 阿米巴财务核算

总部职能中心阿米巴采用预算制核算形态，通过“五定”即定事、定岗、定员、定薪、定费加以考核和管控。

成品阿米巴的划分主要根据产品、大客户、国内业务三个维度，采用利润制核算形态。

部件阿米巴的划分主要根据其加工的产品、工序两个维度，采用复合制核算形态，即对内加工时，采用成本制核算形态；同时鼓励各部件阿米巴在保证完成内部订单外，通过提高效率或适当增加投资的方式扩大产能，对外接单，这部分采用利润制核算形态。

5. 公共费用分摊

集团总部职能中心的所有费用分摊到各个事业部；事业部内部的职能阿米巴的所有费用分摊到利润制或成本制核算形态的阿米巴。

分摊方法共有五种，根据不同的费用科目采取不同的分摊方法：按收入分摊、按利润分摊、按实用分摊（如厂房、办公室面积等）、按人头分摊、按作价分摊（如宿舍等）。

6. 内部交易

职能中心与事业部之间的交易：事业部在职能中心“五

定”后需要购买的个性化服务。

成品巴之间的交易：甲成品巴接单但不具备生产能力时，可向乙成品巴发出生产订单，采用“保底制造利润、倾向销售利润”的交易规则，制定不同的分配比例进行交易。

成品巴与部件巴的交易：成品巴向部件巴购买，采用BOM价×利润系数的交易规则。

生产与销售的交易：成品巴内部的销售巴以BOM价×利润系数向生产巴购买。

车间或工段之间的交易：均采用BOM价×利润系数进行交易。

7. 制定阿米巴运行规则

成立阿米巴推进委员会，明确委员的分工与定期会议制度，细化推进节点和里程碑。

重新编制部门职能清单、核心流程（因为组织架构已做重大调整）、业务界定。

建立详细的权限表（分为人、财、物、业务四部分）和监督审计制度及明细表。

8. 确定巴长等核心人员

通过内部竞聘方式产生一级巴长，由一级巴长组阁核心团队，集团人资中心负责协调。

二级巴、三级巴的巴长尽可能用现行人员，个别调整以一级巴长的意见为重。

9. 确定各巴的年度经营目标与费用预算

总裁根据市场竞争与内部资源，下达集团年度目标，各个一级巴提出年度目标。

讨论各巴年度经营计划，包括资产负债表、损益表、现金流量表、工资预算、费用预算（以上分解到月或产品、地区）、组织架构、人员编制等。

10. 建立奖励机制

将工资与销售收入的占比直接放入各巴的费用考核中，此后增加人员的权力下放。

根据以往的年终红包、奖金、提成等计算出各巴达到利润目标的奖励系数。

成品巴、部件巴增设利润超额奖；职能中心按整个集团达标与本身绩效评分而设奖金。

11. 签订阿米巴经营协议

召开全体干部大会，总裁宣布一级巴长任命；一级巴长宣布二级巴长任命，依此类推。

巴长代表本巴与上一级签订阿米巴经营协议，本巴所有核心人员站在巴长后边并宣誓。

四、实施效果

1. 现象描述

各个巴长及其组阁的成员工作积极性大大提高，从而层层传递，全员皆有经营意识。

原来各自为政的职能领导被迅速培养成复合型“老板”

式的人才，个个都在关注经营结果。

2. 系统规划，分步实施

系统规划整个集团的阿米巴经营模式，但2013年先从第一事业部（电动工具）开始试行。

第一事业部效果非常好，2014年就全面推行十个事业部、六个职能中心。

从调研到系统设计完毕，将近一年时间；试行一年，全面推行顾问师辅导一年。

3. 数据展示

2013年第一事业部试行，2012年度销售收入0.73亿元，2013年达到1.78亿元，增长倍率244%，利润增长倍率306%。根据经营协议，团队当年获得奖励205万元。

2014年整个集团全面推行，销售目标预计在2013年的基础上增长47%，利润增长73%。而实际数据，整个集团的销售收入同比增长倍率259%，利润同比增长倍率398%，个别成品一级阿米巴利润达到计划目标的990%，相当同比20多倍。

2014年上半年员工流失率同比降低73%；满意度提高17个百分点。

4. 综合收益

物开中心采用公开招标取代议标的方式，给供应商透明的竞争环境，既降低成本又提高满意度。

由于各成品巴长具有直接对客户的决策权，大大提高客户满意度，赢回很多流走的客户。

成立精英培训班，聘请专家、教授授课，提升管理人员的综合素质。

提倡“家文化”，从饭堂开始切实提高员工福利（更换承包商），逐步建立幸福型企业。

柏明顿“阿米巴”咨询项目成功案例之二

B公司是一家集面包、月饼、粽子等烘焙类食品生产、销售为一体的全国知名企业，年产值近20亿元（2013年为18亿元），是国内最大的保鲜类工业面包产销企业。

该公司拥有16家全资子公司，在全国已拥有12家专业现代化的生产基地，在东北、华北、华东、西南、西北等12个中心城市及周边地区建立起4万多个零售终端。其中包括许多大型商超，如家乐福、沃尔玛、大润发、乐购、北京华联、华润万家等。

公司先后获得“中国烘焙最具竞争力十大品牌”“全国糕点月饼质量安全优秀示范企业”等称号。该公司董事长听完柏明顿阿米巴总裁班公开课之后，毫不犹豫放弃另一家培训公司，直接签订咨询项目。

一、现象简述

1. 人才储备严重脱离企业发展战略

公司五年内准备新开10~15家集生产、销售为一体的全资子公司，后备人才严重不足，甚至找不出一个可以随时调用的厂长或子公司的负责人，人才储备与公司战略严重不匹配。

2. 成本意识淡薄，从来不算账

因为经济效益一直不错，所以公司没有对单个产品、客户进行相应的分析和细分算账。其中有些产品是亏损的，有些生产月份是亏损的。公司每年总体情况是盈利，但自己也不知道哪些地方做得好，哪类客户是带来利润的客户，哪些产品的利润高。

3. 公司人员流动性不高（太过稳定）

很多人毕业就进入了公司，没接触过外面的管理方式和模式，因此，在事情的执行力方面不错，但真正有管理理念和经营意识的人很少，团队缺少主动创造和思考问题的人才。

4. 太过平稳，员工激励不够

公司员工本地人多，且稳定性高，因而都想稳定而不愿考虑长远。对公司而言，也就不愿意做长远一点的战略规划和目标设计，预算都没做。对员工的激励不痛不痒，多劳多得和按劳分配的机制表现不明显。

5. 组织扁平化但职能发挥不够

一些中高层管理人员身兼多重职能（总部的职能和分子公司的职能，甚至总监做经理的事，经理做主管的事），职责分工较多交叉，虽然没有太大的扯皮现象，但也未能起到相互促进和齐心协力提升组织绩效的作用。

长期的倦怠和守成的管理机制，使公司没有发挥组织的活力；一些部门的职能不健全，如研发部门和采购部门。研发思路和策略采购完全掌握在老板的手中，部门负责人无法发挥部门的功效和职能。

6. 授权体系没有建立

在对子公司和母公司的管控上，没有明确的思路和方向，完全依靠在位人的能力和职位的高低来确定经营子公司的职权，导致某些子公司的负责人权力过大而出现失控现象。

7. 精细化管理程度不高

如公司对标准工时没有概念，对产品系统没有明确的定价机制。

二、原因分析

1. 人才短缺且无经营意识。

人才引进方式不多且对人才的要求不明确，在某些方面还存在偏执的认知。没有系统的培养人才机制，只是师傅带徒弟式的传统模式，人才的经营意识不强。

2. 战略规划能力弱。

没有目标意识和机制，对员工的管理是顺其自然的放羊式发挥。如只对市场考核增长率，而北方市场在占大部分市场份额且接近饱和的情况下，无法引导销售人员和部门对营销进行经营性管理和系统性思考。

3. 员工创新和独立性差。部分中高层管理人员都停留在执行的层面上开展工作。

4. 绩效考核等激励手段和机制不健全。

5. 生产过程中的标准化程度不高，浪费严重。

虽然由于单位利润率较高，以至在如此浪费工时、原材料的基础上还有不差的利润，但如果实行阿米巴责任制之后，成本下降的空间还是非常巨大的，为什么不追求“销售收入最大化、费用最小化”呢?

三、解决方案

1. 诊断调研

对包括总裁、子公司总经理、各级总监、经理和员工在内的60多人进行访谈，充分了解公司的现状和历史沿革，并阅读现行各项管理制度，将公司的问题挖掘出来。

2. 组建阿米巴项目组织及计划

成立阿米巴项目推进委员会，明确委员会成员职责分工；制订阿米巴项目详细的推进计划和实施纲要，为后面的项目推进打好基础。

3. 阿米巴组织划分

根据公司的组织特点，并遵循“全盘规划，逐步实施”的原则，柏明顿对整个集团进行阿米巴组织划分的统一规划，即选择沈阳公司首批实施，然后将实施经验推移到集团其他15家子公司。对已经具备阿米巴组织特征的部门则成立阿米巴组织，对不具备阿米巴组织特征的部门缓实行。

沈阳公司可以成巴的组织有：一级巴的销售系统和生产系统；一级销售巴（利润型）又根据职能、客户、区域等分为3个二级巴、17个三级巴；一级生产巴（成本型）又根据生产大工序分为5个二级巴，39个三级巴。

不具备成巴条件的组织有：人力资源部、财务部、研发部、采购部、物流部等，暂时按预算型职能部门处理。

4. 阿米巴费用划分

（1）梳理财务科目。阿米巴财务科目与传统的会计科目不完全一样。传统的会计科目一般包括管理费用、营销费用、制造费用和财务费用等项。阿米巴经营会计需重新组合科目，一般只包括两大类：巴内费用和巴外费用（分摊费用）。

巴内费用是阿米巴组织日常产生的费用，能即时记入阿米巴组织的费用，此费用在数量和时间上应有一定的要求，如时间跨度大或金额过高，也会采用分摊的方式记入。

另一种就是巴外费用（分摊费用），分摊的费用包括总部各职能部门的费用、上级巴组织的费用等。

（2）建立费用分摊规则。该公司各阿米巴组织进行费用分摊的维度有销售额、人员编制、产能、资源占比等。

费用分摊规则中应遵循谁受益，谁承担的原则。

费用分摊的层级分别是：集团控股公司—各片区（沈阳和大连片区）—各分子公司——一级巴（营销巴和生产巴）—二级巴—三级巴等。

5. 阿米巴交易定价

定价即经营，定价系统是阿米巴会计中的核心。有了内部交易定价方能实行内部交易。首先，确定生产巴交易给销售巴的内部定价；其次，确定生产各工序间的交易定价。

6. 阿米巴运营实施

（1）阿米巴资源划分。对各阿米巴的场地、设备、人员等进行确定和划分。

（2）明确阿米巴组织职能。

（3）确定各级阿米巴负责人。除三级巴长实行竞聘制外，一、二级巴长目前只适合任命制。

（4）阿米巴运营改善。阿米巴系统运营的重点是改善，因此，对各阿米巴数据的校准，对阿米巴改善的方向、改善的方法、改善的工具等进行指导和培训，以发挥阿米巴系统真正的作用。

四、实施效果

1. 找出单位时间产出的关键“单位”

此前计量生产面包工价的单位为“重量”，即A面包的重量为50克，B面包的重量为25克，则B面包的生产单价为A面包的两倍。但也许B面包的生产工序比A面包复杂，因此这种计价方式极不科学。后来顾问师通过工序分析、计时，确定以“工时”为计价单位，解决了困惑该部门多年的不公平问题。

2. 实现从单位工时“效率”到单位人力成本“效益”的关键转变

此前由于片面强调生产效率，而且生产部是以面包个数为计价单位，因此生产部只愿意生产单位时间产量最多的面包，但此类面包对于公司而言却不一定是性价比最高的。后来通过产品性价比优化，实行内部交易，公司从销售到生产都愿意运营性价比最优的产品，实现了从“效率”到“效益”的关键转变。

3. 定量评价

2014年11月至2015年4月，公司的增长率由8%上升到37%，其中大部分来自新渠道。生产巴的利润（按标准成本）由上一年度每月亏损54万元，转为赢利24万元。

4. 定性评价

企业总体评价：阿米巴系统经过半年多的打造，终于达到了预期的效果！销售人员主观能动性大大加强，在现在渠道市场占有率达87%的饱和状态下，积极拓展新渠道，向非保鲜类面包渠道进军，硬抢下几个市场。接下来，将用同样的方式方法继续拓展新渠道。各级员工学会了算账，节约意识大大加强，利用数据来分析问题、解决问题。

柏明顿“阿米巴”咨询项目成功案例之三

C公司是一家由英国、中国香港合资的专业漆包线生产厂家，专业为各国际著名品牌厂家提供漆包线及其他线材系列产品，年产值逾7亿元。

随着竞争的加剧和国际期货铜的价格连年滑坡，该公司的业绩自2012年开始下降，利润的滑坡更是严重。此时，对外需要寻求新的产品，对内必须控制各项成本。

一、问题现象

1. 管理高度集权，缺乏经营性人才

总经理高度集权，管理人员只是听从指挥，缺乏主观能动性，更无经营意识和经营能力。

2. 局限于 OEM 模式，与市场脱节

该公司长期以来局限于 OEM 模式，对于市场的敏感度不够，没有主动研发产品与开发客户。

3. 没有财务管理和分析

只有销售收入较为准确，利润没有分解到产品、客户，分不清谁赚钱、谁亏损。

4. 库存积压严重，资金链几近断裂

铜的采购数量没有对接市场，产、销严重不平衡。2013 年底，公司库存占用的资金高达 5000 万元，但是全年主营业务利润只有 1000 多万元，使资金链几近断裂。

5. 公司的业务开拓几近停滞

只是依赖于总经理的人脉介绍客户和接单，没有专业销售队伍，也没有主动开发客户和抢夺竞争对手的订单份额。

6. 组织体系紊乱，依靠总经理个人随机指挥

虽然有分部门、岗位，但职责不清，依靠总经理随机指挥加以运作。

7. 公司的责权利体系没有建立

无从谈起授权体系，事事都是总经理亲自下令、亲自过问，下属必须在过程中时时汇报。

二、原因分析

1. 公司的权力都集中在总经理这儿，长此以往，将强兵弱。

2. 公司长期局限于OEM模式，缺少和外部市场的互动及对接，形成了相对封闭的内部市场，缺少市场化思维和运作。

3. 公司缺乏经营管理人才，粗放式经营，没有分析过业务、产品、客户、营销模式和细分利润，缺乏业务链规划和战略思维。

4. 公司高度集权、人才匮乏、一人多岗、组织职能错位不健全、业绩下滑等，形成一条恶性循环链条，必须从内部变革和打破这一局面。

三、解决方案

1. 诊断调研

通过面谈、现场观察、资料阅读、走访客户、了解同行等方法，将公司的问题挖掘出来。

2. 数据分析与市场研究

对现有产品和客户进行销售额、利润、资金周转等分析，筛选优质产品与客户。同时，通过外部调研、同行对标、趋势研究、政策影响等，寻找蓝海产品与客户。

3. 制定中长期战略规划

通过以上方法和数据分析，得出公司“一个中心，两个基本点”的战略转型思路，即以原OEM加工向工贸一体化转型为中心；以产品结构调整和营销体系重塑为两翼；最后通过战略研究确定了两个增长业务产品和一个种子业务产品。

4. 阿米巴组织划分

以产品为划分维度：5 个一级巴（利润型）。

以职能为划分维度：4 个二级生产巴（成本型）、4 个二级销售巴（利润型）。

5. 阿米巴资产盘点和费用分摊

对公司总部、各巴进行清产核资。

建立费用分摊规则，并进行分摊。

先将总部费用按各巴销售额占比分摊到一级巴；再将总部分摊下来和一级巴职能部门的费用分摊到二级销售巴（利润巴），二级生产巴（成本巴）只对巴内成本负责（标准成本）；最后形成生产巴和销售巴的核算表。

6. 阿米巴内部交易

内部交易是阿米巴会计的核心，该公司的内部交易关系比较复杂，分为以下四个步骤进行：

第一，业务流分析暨内部交易界定。

因为该公司的产品有不同的工序，不同的产品，经过的前工序的组合不同，必须仔细厘清每一种产品的工序组合并勾画出各巴产生内部交易的产品和关系。

第二，内部交易定价。

该公司的内部交易分为三种形式——同巴之间购销、跨巴交易和内部外发。

一是计算每道工序每个品规的标准成本，按照料工费的成本构成原则，加上生产巴的巴内费用折算到每个品规的部分。二是在标准成本的基础上加上跨巴交易利润，跨巴交易利润在标准成本的基础上顺加一定比例。

第三，内部交易流程。

按照上述三种不同的交易形式，分别标记出产品在生产巴、销售巴之间的流动交易关系以及过程中途径的责任岗位和工作表单。

第四，内部交易的报表体现。

按照交易物、交易价和交易流的三大要素确定，进行会计入账。由于公司用的会计入账方式是各巴合并报表可以直接对接公司财务报表，因此内部购销和交易的报表入账只有经过上述三个步骤后才会非常清晰。

7. 阿米巴年度经营目标建立

首先，顾问师培训各巴长如何预测销售收入，在该销售收入的前提下，如何做好各项成本与费用的预算。同时设计好相关表格给到他们，以便巴长操作。

其次，各巴结合自下而上和自上而下两条线，进行年度经营预算编制并分解到月，形成汇总的公司总经营预测表。

最后，为了确保经营目标能够执行落地，还针对生产、销售两大体系各制定业务计划落地举措。

8. 阿米巴运营管控

成立阿米巴推进委员会，界定委员的职责和例会机制；成立审计监察委员会，界定审计监察的内容、形式；界定总部和阿米巴组织的权限、事项和对接流程。

9. 阿米巴实施辅导与运行改善

针对阿米巴经营报表要每日统计的现状，列明每笔会计科目要得到的数据来源，从而对公司内部运作流程上的很多节点增补了13种日常工作表单，以确保数据的及时性、准确性。

针对运行中产生的问题，除能够即时解决的以外，其他的形成问题反馈单，逐级会签，推动财务对接人、巴长、项目负责人和总经理等知悉问题和解决问题，并将问题反馈单形成周汇总，例行汇报。

在试运行过程中调整了费用分摊规则、跨巴交易利润核算规则、个别巴的年度经营目标预算等，并且敦促财务对于原来报表中不合理的数据项进行修正。

培训巴长、统计员和管理干部对于阿米巴的系统框架、财务知识、报表阐释、内部交易形式和流程等的熟练掌握。

四、实施效果

1. 观念转变，人才培养

这是到目前为止最大的收获，总经理开始下放一定权力到巴长；以前销售跟单的、车间主任、品管经理分别做了巴长之后就主动去开发客户，而且已经成功开发了几个客户。

2. 利润同比大幅增长

该公司自实施阿米巴以来，改变两年来一路下滑的颓势，营业额增长38%、利润增长52%；新产品的研发与销售也正按顾问拟订的战略在实施，新客户、新产品的销售额已占27%。

3. 库存大幅降低（漆包线、三层绝缘线等库存品）

该公司自实施阿米巴以来，库存品金额从7000万元大幅降低至3000万元，充裕了现金流，极大地缓解了公司资金链的压力。

柏明顿“阿米巴”咨询项目成功案例之四

D公司成立于2005年，从事网络B2B平台发展，行业排名仅次于阿里巴巴和慧聪网，积累了9年的网络经验和500多万的客户资源。

公司于2014年开始转向中小企业供应链研究与技术研发，专注于中小企业原材料采购和网络金融的发展。现有员工800多人。

一、问题现象

1. 领导高瞻远瞩，团队整体偏弱

高层领导对互联网市场非常敏感，能够抓住商机、领先同行，特别是在B2B与网络金融领域。但是中层干部整体年轻，有朝气，却承受不了压力，流动性较大，整体偏弱。

2. 品牌推广强势，技术力量不足

公司非常重视产品开发、品牌推广，也取得了良好的效果。但其网络技术、软件开发比较弱，与品牌强度有一定落差，这与技术骨干招聘难、技术领导不太稳定有关。

3. 战略思维超前，具体执行乏力

互联网战略思维超前，但面对瞬息万变的市场，内部的组织、运营、计划、管理、分工、协调、人才等因素显得有点跟不上，因此往往造成战略无法实施的局面。

4. 权力过于集中，制度形同虚设

少数高层的言论往往超越制度，大家习惯了按领导吩咐去做事，管理者基本上都是执行者。

二、原因分析

1. 互联网市场与技术变化较快，一定程度上给内部管理团队的稳定性造成较大冲击。

2. 似乎永远在经营层面求生存、求发展，对管理并不重视，造成制度虚设，人治大于法治。

3. 虽有战略思维，但并不清晰、具体，主要是老板的想法，因而造成战略朝令夕改的现象。

4. 分配机制不科学，造成大家只关注收入、提成，不关心利润，提成与经营数据关联性不强。

5. 家族企业氛围较浓，与互联网行业不适应，优秀的职业经理人很难融入、留住。

三、解决方案

1. 战略梳理与组织设计

顾问师通过专业技术将高层的战略思维进行收集、整理、分析、加工，从战略愿景、战略定位、发展战略、竞争战略、职能战略、战略实施等方面将其系统化、规范化、清晰化。

根据公司战略，将现行职能型、金字塔式的组织架构变革为产品型、扁平化的架构，既有利于现有产品、战略产品的快速发展，又有利于组织的高效运行。

2. 阿米巴组织划分

在新的组织架构下进行阿米巴单元划分：

（1）以产品为导向的阿米巴。将金融、微博、微信、采购等作为一级巴，下设技术、运营等二级巴。

优点：技术跟业务捆绑，易优化产品，提高利润。

（2）以职能为导向的阿米巴。将战略、技术支持、综合管理（人力、财务、总裁办）等作为一级巴，部分下设二级巴。

优点：职能清晰并突出产品开发和技术支持的作用。

3. 阿米巴费用划分

（1）梳理财务科目。按阿米巴费用科目要求，进行科目细分。

（2）建立分摊规则。分清财务科目类别，建立分摊维度，确定分摊比例。

（3）统计相应费用。按分摊规则，将相应费用分摊到各巴单元。

4. 阿米巴交易定价

定价方法：利润倒推法。

梳理交易流程→统计历史数据→梳理产品结构→确定定价方法→进行产品定价。

5. 人才与激励

巴长的产生由任命和竞聘两种方式共同完成。确定巴长的责任年薪、责任任期年薪、虚拟股份；确定各巴奖励方案。制定人才晋升通道与标准，如一部优秀销售人员才能晋升到二部、三部等。

四、实施效果

1. 厘清公司的战略发展方向；建立年度经营目标和预算管理体系。

2. 公司管理人员的经营意识培养得到大大提高。

3. 半年多来营业收入同比增长将近227%，成本费用同比降低33.4%。

柏明顿“阿米巴”咨询项目成功案例之五

E公司是国内最大的留学中介机构，1999年成立，全国有46家全资直营分公司，全球有1600余所合作院校，每年成功向国外输送6万余名留学生。该公司董事长在了解阿米巴经营模式之后，认为阿米巴就是自己最期望的经营模式，决心引进。

一、项目需求

该公司主营业务全国布局已经完成，急需在以下方面得到快速提升：

(1) 提高区域市场份额、提升单店盈利能力（从以前追求申请人数转变为以利润为目标）。

（2）提高产品开发与产品整合、院校开发与深度合作。

（3）提高资源入口数量及资源转化率；迫切需要解决申请高峰期拥堵、客户个性化需求等问题。

二、解决方案

1. 战略梳理，组织变革，职能定位

战略：突出主业、兼顾辅业、放弃多元；

组织：扁平结构、做虚总部、做实分部。

2. 注重开源利润导向产品整合

明确利润指标，强化产品管理，增加资源入口，促进销售实现，提高文案质效。

3. 企业平台、系统分巴，员工创业

（1）辅业注册公司，员工竞聘上岗，跟投成为股东，对内对外服务，股份工资分开；

（2）主业分巴，共设立各级阿米巴 113 个。

4. 经营会计，多设交易，减少分摊

（1）预算巴分为服务与管控职能，服务部分全部定价进行内部购买，管控部分进行分摊。

（2）运营中心、申请中心、国际发展中心均为利润巴，全部实行内部定价，服务购买。

5. 工资保底，重在奖金，超额转股

（1）各巴工资全部计入各巴成本，定岗、定编、定薪。年度高薪亦按集团统一标准。

（2）奖金预提，当月发放 60%、季度发放 80%、年底结算20%。奖金总额上不封顶，发放最高只为工资的三倍，余额转股。

（3）奖金余额转为本巴股份，享有分红权、资产增值权。若是公司进行资本结构调整，可按比转为公司股份；员工如果不愿意转，可以结算余额，三个月内支付完毕。

三、项目效果

1. 原有3000多名员工，分巴后减少了327人，约占11%。以工资、福利、费用15万元/人年计，直接降低成本5000万元/年左右。

2. 办公室退租一层共3000多平方米，每年减少租金、水电费用1300多万元。

3. 营业额和利润不断增长，员工积极性高涨。